KB125182

발터 벤야민의 공부법

발터 벤야민의 공부법 – 사소한 것들에 대한 사유

초판 5쇄 발행 2020년 6월 29일
초판 1쇄 발행 2014년 10월 1일

지은이 권용선
펴낸이 정순구
책임편집 조수정
기획편집 정윤경 조원식
마케팅 황주영

출력 블루엔
용지 한서지업사
인쇄 한영문화사
제본 한영제책사

펴낸곳 (주) 역사비평사
등록 제300-2007-139호 (2007.9.20)
주소 10497 경기도 고양시 덕양구 화중로 100 비전타워21 506호(구주소 : 화정동 968)
전화 02-741-6123~5
팩스 02-741-6126
홈페이지 www.yukbi.com
이메일 yukbi88@naver.com

ⓒ 권용선, 2014

ISBN 978-89-7696-423-6   03120

Walter Benjamin

발터 벤야민의 공부법
— 사소한 것들에 대한 사유

권용선 지음

역사비평사

Walter

발터 벤야민의 공부법

차례

Benjamin

일러두기

1. 인용한 글은 본문에서 서명(또는 글 제목)과 쪽수만 밝혔다. 저자와 역자 및 출판사 등 전체 서지 사항은 이 책의 '참고문헌'에 정리했다.
2. 벤야민의 글은 한국에서 번역 출판된 다음의 책에서 상당 부분 인용했으며, 그 밖의 인용 도서는 '참고문헌'에 정리했다.
   『발터 벤야민 선집』 1~6, 최성만 외 옮김, 길, 2007.
   『발터 벤야민의 문예이론』, 반성완 옮김, 민음사, 2000.
   『아케이드 프로젝트』 I·II, 조형준 옮김, 새물결, 2005.
3. 벤야민의 글 가운데 『사유이미지』(『발터 벤야민 선집 1』)와 『발터 벤야민의 문예이론』에 실린 글은 서명보다 각각의 글 제목이 중요하다고 생각하여, 서명이 아닌 단편(논문)의 제목으로 표시했다. 단편이 실린 서명은 '참고문헌'에서 확인할 수 있다.
4. 인용한 도서 중 『아케이드 프로젝트』의 경우, 쪽수로 표시하지 않고 벤야민이 붙인 알파벳과 숫자의 조합으로만 표기했다. (예) 『아케이드 프로젝트 I』, N 1a, 8
5. 바로 앞에서 인용한 책이나 글을 다음 단락에서 또다시 인용할 경우에는 '같은 책(글)'으로 표시했다.

책머리에

그가 살았던 삶 때문이 아니라 그의 극적인 죽음 때문에 자주 기억되는 사람이 있다. 발터 벤야민도 그중 한 명이다. 1940년 9월, 벤야민은 스페인의 국경 근처 마을인 포르부의 한 모텔에서 모르핀을 먹고 자살했다. 나치즘의 광기가 유럽 전체를 휩쓸아치는 와중에도 끝까지 파리의 국립도서관을 떠나려 하지 않았고, 죽는 순간까지 자신이 작업한 원고 뭉치를 버리지 못했던 그는 결국 마지막에 모든 것을 놓아버렸다. 벤야민이 죽고 나서 얼마 지나지 않아 스페인의 국경 봉쇄는 해제되었고, 원고 뭉치는 어디론가 사라졌다. 그가 남긴 적지 않은 글과 메모들, 신문 기사 스크랩과 수집품들이 뒷날 아카이브화 되었지만, 원고 뭉치가 들어 있던 사라진 갈색 서류 가방의 행방에 대해 사람들은 여전히 궁금증을 감추지 못한다. 그 가방 안에는 미완의 저작인 『아케이드 프로젝트』의 완성본이 들어 있을 수도 있고, 복잡하고 난해한 그의 사상을 명쾌하게 풀어줄 만한 실마리가 들어 있었을지도 모른다. 또 혹은 다른 사람의 눈에는 아무런 의미도 없어 보일 것 같은 수수께끼 같은 문장들, 사소하고 쓸모없어 보이는 몇 가지 물건들만 들어 있었을지도 모르겠다. 어쨌든 '있었던 뭔가'가 사라졌다. 그것의 소유자와 함께.

2010년 여름, 나는 한국을 떠났다. 벤야민의 『아케이드 프로젝트』에 관한 소박한 해설서(『세계와 역사의 몽타주, 벤야민의 아케이드 프로젝트』) 한 권이 한국에서 마지막으로 작업한 결과물인데, 그래서인지 한동안 새로운 장소에서 마주치는 모든 풍경 속에서 벤야민의 그림자를 느끼곤 했다. 맨해튼 5th 애비뉴의 백화점 쇼윈도 앞을 지날 때, 어느 소도시의 앤틱 상점을 구경할 때, 시립박물관에서 맨해튼 개발의 역사를 담은 지도를 볼 때, 그때마다 그를 떠올리곤 했다. 벤야민은 뉴욕을 자신의 망명지로 선택했다. 그 망명이 성공했더라면, 그는 파리의 '아케이드 프로젝트'에 이어 뉴욕의 '메트로폴리탄 프로젝트'에 착수했을 것이다. 가끔, 그의 실패한—아니, 계획에 그쳤던—프로젝트를 내가 이어받고 싶다는 욕심이 문득 고개를 들 때도 있었다. 그럴 때면 자신이 태어난 나라를 떠나 낯선 도시에서 '지식인-망명객'으로 살았던 그의 심정을 상상하곤 했다.

하지만 한국을 떠나온 이래 나는 좀처럼 '공부하는 사람'으로 살지는 못했다. 대학에서 시간강사 노릇을 했을 때를 제외하면 지난

10여 년 동안 주로 학교 바깥에서 공부했기 때문에, 제도권 학교 어딘가에 속하지 않은 상황이 그리 낯선 것도 아니었는데 말이다. 아마 내가 몸담았던 연구공동체(연구공간 수유+너머), 그 시끌벅적했던 생활과 공부의 현장에서 뚝 떨어져 나와 갑자기 적막한 환경에 놓여진 데서 온 막막함이 더 컸던 것 같다. 몇몇 지인은 새로운 환경에서 동지를 규합하여 뭔가를 도모해보라고 부추기기도 했다. 솔깃한 말이었다. 피부색과 문화와 언어, 각기 다른 삶의 내력을 지닌 사람들이 만나서 함께 공부하고 서로 나눌 수 있다면 얼마나 근사할까! 상상만으로도 가슴이 두근거렸다. 하지만 나는 이곳에 막 도착한 신출내기에 불과했고, 납작 엎드려서 모든 것을 하나하나 배워 나가는 것 말고는 사실상 할 수 있는 게 거의 없었다. 그건 제법 시간과 노력이 필요한 일이었다. 결정적으로 내게는 현재 이 사회의 공통언어인 영어에 대한 감각이 거의 없었고(지금도 사정이 크게 나아지지는 않았다), 그런 상황이 나를 끊임없이 주눅 들게 했다. 나는 '공부 못하는' 수험생처럼, 한국어 책을 볼 때는 일상생활 속의 영어 때문에 스트레스를 받았고, 영어를 사용할 때는 내 한국어가 망가지지나 않을까 노심초사하며 시간을 보냈다. 어리석게도……

그러니까, 자신이 방문한 나라의 언어를 불편함 없이 구사하며 친구들을 사귀고, 누구의 방해도 없이 하루 종일 도서관에 앉아 오래된 문서를 뒤적이거나 베껴 쓰는 것으로 시간을 보내며, 가끔 노천카페에서 행인들을 바라보며 차를 마시는 것으로 소일하는, 겉보기엔

몹시 평온한 '망명 지식인'의 일상이란 제법 가깝게 느껴지면서도 좀처럼 따라잡을 수 없는 것처럼 느껴졌다. 물론 1933년 이래 파리에서 벤야민의 삶은 평온하지 않았다. 그는 '여행자'가 아니라 '망명객', 즉 조국의 반유대주의와 파시즘으로부터 목숨 걸고 탈출한 도망자였기 때문이다. 그가 쓴 글은 제대로 그 가치를 인정받지 못했고, 출판계약은 어긋나기 일쑤였으며, 동료들은 그의 '특이한' 유물론적 세계관에 대해 걱정했다. 연구와 생활을 계속하기에는 경제 사정 또한 좋지 못했다. 그럼에도 불구하고 그는 생애 마지막 순간까지 '공부'를 팽개치지 않았다. 공부하는 것만이 개인적인 불행뿐 아니라 비루하고 염치없는 세상을 견디는 방법이며, 고장 난 세계를 인간의 힘으로 다시 살 만한 곳으로 재구성할 수 있는 기회를 엿보는 방식이라고 그는 믿었다. 대혜종고 스님의 말씀처럼 '머리에 타는 불을 끄듯' 공부하는 사람, 벤야민은 그런 사람이었던 것 같다.

벤야민의 망명 생활은 공식적으로 생애 후반 몇 년에 불과했지만, 그는 일관되게 '바깥'의 삶을 지향한 존재였다. 학교보다는 학교 바깥, 고향보다는 낯선 도시들, 유행하는 물건보다는 오래된 사물을 사랑했다. 자신이 독일의 유대인 소수자임을 한시도 잊지 않았고, 지식과 학문의 체계 안에서 인정받는 지식인으로 살기보다는 오히려 그 지식과 학문에 대해 끊임없이 의심하고 균열을 내는 방식으로 공부했다. 어느 쪽에도 속하지 않는 독특한 위치감각을 유지하는 것,

이것만이 그에게는 중요했다. 그는 새로운 것보다는 '낡은 것'에 집착했다. 쓸모없는 것에서 쓸모를 발견하고, 너무나 평범하고 사소해 보이기 때문에 거창하고 세련된 지식의 영역에서는 배제되었던 어떤 것들을 말하거나 실천하는 데서 즐거움을 느꼈다. 그리고 그는 끊임없이 질문했다. 사람과 시대에 대해, 사물의 배치와 제도의 폭력에 대해, 이성의 한계와 다른 감각의 능력에 대해. 이런 질문들에서부터 그의 공부는 출발했고 다양한 방식으로 실험되었다.

이 책은 그의 사상 전체를 해명하거나 지식의 영토 안에서 인증된 문자적 구성물 자체의 성과를 검토하는 데 있지 않다(벤야민 사상의 전모를 해명할 뿐 아니라 한국에서 그에 대한 번역과 수용의 맥락을 정리한 책으로는 최성만 선생님의 『발터 벤야민 기억의 정치학』이 있다). 이 책의 일차적 관심은 벤야민이 품었을 법한 질문을 추적하는 일이고, 그 질문이 어떤 경로를 통해 해답을 찾아가는지, 그리고 그에게 공부란 무엇이었으며 어떤 식으로 공부했는지를 가늠해보는 일이며, 그 과정에서 다시 지금 우리에게 공부란 무엇이고 우리 삶에서 어떤 의미를 차지하고 있는지를 생각해보는 것이다. 바꿔 말해 주름이 풍성한 커튼의 안쪽을 들춰 보는 것으로, 이 책의 각 장은 이런 의도 속에서 구성되었다. 예컨대 '왜 공부는 학교에서만 해야 하지?'라는 질문은 학교 바깥에서 벤야민의 공부와 교육제도에 대한 비판적 활동으로 연결되고, '낯선 곳을 여행할 때는 반드시 지도가 필요할까?'라는 질문은 벤야민 특유의 '길을 잃는 훈련'이라는 방법론과 연결된다. '이분법과 지식의 체계는 언제나 올바른 것인가'라는 질문은 그의 새로운 정리법과 실험을 엿보는 것으로 이어진다. 벤야민이 어떤 인물에게서 무언가를 배운다고 했을 때, 그것은 대상과 주체 사이의 거리를 지우는 방식으로 진행되었다. 그는 보들레르와 프루스트와 카프카를 '자기화'함으로써가 아니라 그들이 '되는' 방식으로 자신에게는 없는 새로운 무엇인가를 배워 나갔다. 이런 식으로 공부함으로써 그는 조금씩 다른 존재로 변모해갔고, 자신의 글 속에서 이를 표현했다.

벤야민을 통해 나는 프루스트와 카프카, 그리고 보들레르를 만났다. 벤야민 덕분에 사진과 건축의 세계에 관심을 갖게 되었고, 그의 방식을 흉내 내면서 외국의 도시들을 여행했다. 그리고 가끔 뉴욕의 한 시립도서관 구석에 앉아, 파리 국립도서관에서 자료 더미를 뒤적이는 그의 모습을 상상했다. 지금도 여전히 나는 공부란 무엇인가에 대해 생각한다. 어떤 하나의 질문을 제기하는 방식과 태도에 대해, 공부하는 자의 삶과 윤리에 대해 계속 생각한다.

이 책이 세상에 나오기까지, 부족한 원고를 읽어주고 용기를 북돋아준 고병권, 조형욱, 천정환 세 분 선생님께 특별히 감사드린다. 편집자인 조수정 씨는 자신의 일에 긍지와 애정을 갖는다는 게 무엇인지 알려주셨다. 감사드린다.

— 권용선

스페인 포르부 마을에 있는 발터 벤야민의 기념물 〈파사주〉
벤야민이 미국으로 망명을 시도하다가 음독 자살한 곳인 스페인의 국경 근처 포르부 마을에는
다니 카라반이 벤야민에게 바치는 오마주로 제작한 설치미술이 있다. 〈파사주 Passage〉(통로)라
는 이름의 이 기념물은 벤야민의 『아케이드 프로젝트』를 떠올리게 한다.

프롤로그 : 어느 지식인의 공부

여기 한 사람이 있다. 다양한 분야에 걸쳐 방대한 글을 읽고 쓴 지식인이었지만, 특정 분야에 자신을 정박하지 않았던 특이한 사람. 일생의 대부분을 읽고 쓰는 일에 몰두했고 그때마다 일정한 성과를 거두었으나, 정작 자기 당대에는 몇몇 눈 밝은 동료들을 제외하곤 어떤 독자들의 관심도 받지 못했던 고독한 지식인. 독일의 유복한 유대인 가정의 장남으로 태어나 여행과 독서, 수집과 글쓰기로 일생을 보낼 수 있었던 행운을 시대의 장난으로 인해 이국의 작은 모텔방에서 스스로 목숨을 끊는 불행과 바꾸어야만 했던 사람, 발터 벤야민.

그의 학식은 위대했지만 그는 학자는 아니었다. 그의 주제 속에는 원전과 그것의 해석에 관한 것이 포함되어 있었지만 언어학자는 아니었다. 그는 종교가 아닌 신학에 깊은 매력을 느꼈으며 원전 자체를 신성한 것으로 보는 신학적 형태의 해석에는 깊은 매력을 느꼈지만 신학자는 아니었으며 성서에 특별한 관심을 보이지 않았다. 그는 천부적인 문장가였지만 그의 최대의 야심은 전부가 인용문으로 이뤄진 글을 써보는 것이었다. 그는 프루스트와 생-존 페르스를 번역한 최초의 독일인이며 그 이전에 보들레르의 『파리의 풍경』을 번역했지만 번역가는 아니었다. 그는 서평을 썼고 생존 또는 작고한 작가에 관한 숱한 평론을 썼지만 문학평론가는 아니었다. 그는 독일 바로크에 관한 책을 썼고 19세기 프랑스에 관한 방대한 미완의 연구를 남겼지만 문학사가 또는 다른 분야의 역사가는 아니었다. 그가 시적 사고를 지녔다고 나는 분명히 보고 싶지만 그는 시인도 철학자도 아니었다.

— 『어두운 시대의 사람들』, 167~168쪽

벤야민은 왜 어느 부류에도 속하지 못한 존재로 살았을까? 학자도 언어학자도 종교인도 신학자도 번역가도 시인도 철학자도 되지 않았던, 혹은 되지 못했던 그가 어떻게 이 다양한 분야들 모두에 탁월함을 보여주는 글을 남길 수 있었을까? 그는 어쩌면, 그 무엇도 되지 못했던 것이 아니라 그 어느 곳에도 정착하고 싶지 않은 마음을, 또한 그 무엇이라도 될 수 있었으나 다만 자신을 하나의 이미지 속에 가두고 싶지 않은 의지를 지니고 있었던 것은 아닐까? 어쩌면 그는 단지 자신이 살았던 시대와 세계에 대한 수많은 질문을 품고 그에 대한 대답을 찾는 방식으로 읽고 쓰는 일에 몰두했을 뿐이지 않을까?

그 무엇으로도 그를 설명하기에는 불충분하다. 하지만 분명한 사실은 그가 자신을 둘러싼 세계를 향해 끊임없이 질문하고 저항하는 삶을 살았던 사람이라는 점이고, 그가 남긴 지적인 유산과 삶의 태도는 여전히 우리 시대에도 유의미하게 자리 잡고 있다는 점이다.

태도

학자도 종교인도 번역가도 철학자도 시인도 그 무엇도 아니었지만, 그 모두이기도 했고 그 무엇이라도 될 수 있었던 벤야민은 독특한 방식으로 공부했고, 그것을 자신만의 고유한 주장으로 변형하는 데 탁월함을 보인 이론가였다. 때때로 그는 기존에 지니고 있던 자기 자신의 사유와 문장들까지 새로운 글에 인용하고 전혀 다른 방식으로 구성하는 일을 서슴지 않았다. "벤야민은 쉬지 않고 썼다. 생각이 떠오르면 지체 없이 썼다. 제대로 된 종이를 찾는 것이 아니라, 손에 잡히는 대로 가장 가까이에 있는 것 위에 썼다. 이런 식으로 휘갈겨 쓴 단상들을 다시 새로운 작업 속으로 그대로 삽입해 넣거나 수정해서 첨부하곤 했다."「Walter Benjamin's Archive」, p. 31 이 과정에서 그는 자신의 작업을 끊임없이 미완의 상태로 만들고, 실패로부터 자신의 강점을

파리 국립도서관에서 자료를 찾아보고 있는 벤야민(1939)

1933년 베를린을 떠나 파리로 이주한 뒤 벤야민이 스스로 생을 마감하기 직전까지 그의 주된 거처는 파리의 국립도서관이었다. 그는 파리의 과거를 알기 위해 하루가 멀다 하고 국립도서관의 문서고를 드나들었다.

배우며, 공손한 태도를 유지하는 것 등을 일관되게 훈련해 나갔다.

> 위대한 사람들에게는 완성된 작품보다는 평생을 두고 작업했으
> 나 완성하지 못한 단편斷片들이 더 비중 있게 다가온다. 완성에서
> 비할 바 없는 기쁨을 누리며 삶을 다시 선물 받은 것처럼 느끼는
> 사람은 어딘지 더 부족하고 산만한 사람들이기 때문이다. 천재
> 에게는 어떠한 단절이나 힘겨운 운명적 타격이라 할지라도, 그것
> 은 근면함이 지배하는 작업실에 슬며시 찾아든 잠에 불과하다.
> 그 작업실의 세력권이 형성되는 곳은 미완성 작품이다. '천재는
> 근면함이다.'   ─『일방통행로』, 73~74쪽.

평생을 두고 작업했으나 완성하지 못한 단편들에 더 큰 애착을
보이는 사람은 자신의 작업에 한계를 모르는 사람이다. 벤야민은 사
유와 글쓰기가 나아갈 수 있는 무수한 가능성들 중에서 단 하나의
가능성만을 현실화하여 만든 완성품에 만족스러워 하는 태도를 경계
한다.

어쩌면 벤야민은 자기 스스로에게나 남들에게 일관된 존재로 비
쳐지기를 거부했는지도 모르겠다. 그는 '완성'보다는 '미완'의 상태에
매력을 느꼈고, 그것에 더 많은 비중을 두었다. 그가 보기에 어떤 작
품을 완성하고 그것으로부터 기쁨을 구하는 사람은 어딘지 부족하고
산만한 사람들에 불과하다. 엄밀한 의미에서 볼 때 완성이란 존재하

지 않기 때문이다. 단지 그것에 한없이 가까워지려는 노력만 있을 뿐이다. 자기 자신의 작품이나 공부가 완결되었다고 만족해 하는 사람에게는 그것을 뛰어넘는 다음은 없다. 벤야민은 무엇보다도 이 점을 잘 알고 있었다.

일반적인 의미에서 벤야민이 쓴 글들에 완결성이 부족한 것은 아니었지만, 그는 자신이 쓴 모든 글을 완결되지 않은 것, 어딘지 모르지만 부족함이 있다는 경계를 한순간도 놓지 않았다. 그는 단지 근면함으로 모든 공부의 과정을 돌파하려고 했다. 사실 이것은 그가 알고 있는 모든 위대한 사람과 천재들의 공통점이기도 했다.

미완의 작품에 매력을 느끼는 이는 자신의 실패를 부끄러워하지 않는다. 오히려 자신의 실패로부터 무엇인가를 배운다. 그가 수치심을 느낄 때는 자신의 강점이라고 생각하는 부분에서 실패했을 때이다. 그때는 자신의 실패를 곱씹으며 집요하게 "온갖 부활의 술책들을 배우고 용의 피로 목욕하듯이 수치심 속에 목욕한다."「사람이 자신의 강점을 알게 되는 곳」, 173쪽 실패는 자신의 강점을 더 확고하게 만들어주며, 그 결과 그는 정복되기 어려운 존재로 매번 거듭난다. 하지만 한편으로 이러한 태도는 고집과 편견으로 이어질지도 모른다.

이 때문에 벤야민은 공부하는 이에게 치명적인 한계로 작용할 수도 있는, 정복되기 어려운 존재와 거리를 두기 위해 '공손함'을 데려온다. 공손함은 자신이 지닌 강점을 의심하며 외부의 목소리에 귀 기울이게 하는 태도이다. 공손함은 적대적 상황에서 상대방의 긴장을 풀어줌으로써 그의 약점을 발견할 기회를 제공한다. 이때 공손함은 하나의 윤리적 태도이자 투쟁을 위한 무기가 된다. 이 같은 공손함은 "상황 속에서 극단적인 것, 희극적인 것, 사적인 것, 혹은 놀라운 것을 놓치지 않는 감수성"「공손함」, 184쪽과 인내의 기량 속에서 더욱 빛을 발한다.

방법

공부란 무엇일까? 우리가 '공부'라는 단어를 말할 때, 일반적으로 머릿속에 동시에 연상되는 것은 책, 노트, 펜, 책상, 컴퓨터, 사전, 도서관 등등의 이미지이다. 보통 사람들에게 공부란 조용한 방 안의 책상 앞에 앉아서 책을 펴고 그 안에 담겨 있는 내용을 이해하는 것, 즉 지식의 습득에 가깝다. 여기서 한 걸음 더 나아간다면, 읽고 이해한 내용을 글로 쓰는 것. 이 과정을 통과할 때만 배우고 익힌 것을 온전히 자기 것으로 만들어갈 수 있다. 이런 점에서 보자면 공부란 무엇보다 고독한 독서의 시간을 필수적으로 요구하는 행위라 할 수 있겠다. 하지만 이러한 공부는 모든 공부의 시작, 혹은 공부로 나아가는 하나의 들머리에 불과하다.

벤야민에게 공부는 삶을 살아가는 유일한 방식이자 기예였다. 그의 신체는 노동에 무능했으며, 일평생 단 한 번도 직장 생활을 통해 생계비를 벌어본 적도 없었다. 성인이 되어 결혼하기 전까지는 그의 부모가 든든한 재정적 후견인이었고, 부모로부터 경제적 지원이 끊어진 뒤에는 늘상 금전적인 문제로 고통받았다. 그가 남긴 말년의 뛰어난 연구 업적은 뉴욕으로 이전한 프랑크푸르트 대학 사회과학연구소에서 받는 연구비가 없었다면 모두 세상에 나올 수조차 없었을지 모른다. 그 연구비 외에 벤야민이 손에 쥘 수 있던 수입은 불규칙하게 들어오는 약간의 인세와 원고료 등이 전부였다.

생활비의 부담에도 불구하고 그가 여행을 하거나 책을 사거나 장난감을 수집하는 취미를 포기하지는 않았던 것 같다. 그에게 여행이나 수집은 책을 사서 읽거나 글을 쓰는 일과 마찬가지로 중요한 공부였고, 그것이 공부인 한 낭비나 사치도 아니므로 가책을 느낄 필요도 없었다. 그는 자신이 누릴 수 있는 것을 최대한 누리며, 그 안에서 어떤 의미를 발견하거나 배우려고 애썼다.

실제로 벤야민은 너무 궁핍한 나머지 자신이 읽은 것이나 생각한 것을 기록할 종이를 살 돈이 없었던 적도 있는데, 파리 망명 시절에는 제대로 된 노트 대신 작은 명함의 뒷면이나 광고지의 여백에 무엇인가를 기록하기도 했다.

> 망명지에서 경제적인 문제 때문에 그는 모든 것을 손수 해야만 했고 물자들을 재활용해야만 했다. 편지지의 이면을 사용했고, 우편엽서나 초대장, 도서관 용지, 여행 티켓, 각종 증명서 종

이들, 심지어는 산 펠레그리노 생수의 광고지 여백, 의사나 조제사로부터 받은 처방전 용지 같은 것들도 활용했다. (…) 그에게 그 형식은 대단히 매력적인 것이었다. 어떤 종이는 가로세로 4.5cm×9cm를 넘지 않지만 벤야민은 종이의 여백 마지막 몇 밀리미터 단위까지 사용했다. 그는 엄청나게 많은 압축된 종이들, 노트들, 쪼가리들 위에 그의 위대한 작업을 풍부하고 섬세하게 펼쳐 놓았다.

— 『Walter Benjamin's Archive』, p. 31

벤야민은 한정된 지면에 글자를 적어 나가야 한다는 불편한 상황과 조건을 도리어 글쓰기를 위한 하나의 흥미로운 실험으로 바꾸었다. 제한된 여백에 작은 손글씨로 무언가를 쓰면서 손으로 글자를 쓰는 행위의 물질적 촉감에 대해 생각했고, 글씨를 쓰는 공간이 광고지의 여백일 경우에는 광고처럼 혹은 팸플릿처럼 글을 쓰고 구성하는 것을 고민했다.

그는 대중매체와 광고가 현실을 장악하기 시작한 시대에 그것들과 맞서기 위해서는 글쓰기의 혁명적 내용뿐만 아니라 충격적 표현방식도 함께 찾아야 한다고 믿었다. "학자들의 보통 수준의 저작은 카탈로그처럼 읽히기를 원한다. 그러나 사람들은 언제쯤이면 책을 카탈로그처럼 쓸 수 있게 될까?" 『일방통행로』, 97쪽 바로 이 문제가 그의 고민 지점이었다. 자본주의의 도구로 자본주의를 타격하기. 누가 도구

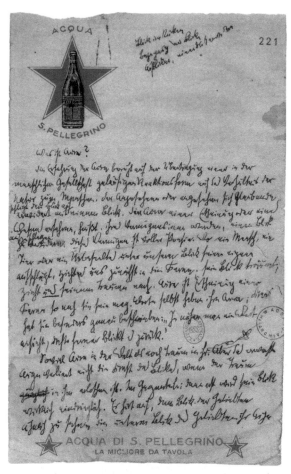

산 펠레그리노 생수의 광고지를 활용한 벤야민의 메모

벤야민은 생수병의 배경이 되는 별을 보며 '아우라'를 사유한다. 그는 이 메모에서 "아우라의 경험은 인간 사회 안의 일반적 반응 형식을 인간에 대한 자연의 관계로 치환하는 데 기초"하며, "아우라의 출현과 존재를 경험한다는 것은 그 시선에 응답하는 능력을 깨닫게 되는 것"이라고 말한다. 이러한 내용은 「사진의 작은 역사」에 일부 반영되어 있다.

를 사용하는가, 그것을 어떤 목적으로 어디에 사용하는가에 따라 전혀 다른 효과가 나타날 수 있기 때문이다. 이런 식으로 그는 자신의 상황과 조건을 언제나 하나의 새로운 실험과 연관지었다. 그것은 성공할 수도 실패할 수도 있겠지만 매번 중요한 공부였으며, 그 때문에 그는 자신의 것으로 만들기를 게을리하지 않았다.

다시, 공부를 고독한 독서의 영역으로 한정해서 살펴보자. 무엇인가를 읽는다고 할 때, 우리는 보통 자신의 이성과 감성을 적절하게 활용한다. 이성이 주로 논리적 이해가 필요한 지식의 습득과 연관된다면, 감성은 주로 예술(문학) 작품을 대할 때 그것과 공감하는 능력과 관계된다. 공부로서 독서를 이야기할 때는 주로 전자의 능력을 사용하게 된다. 예술 작품을 이해하는 데는 일정 정도의 훈련이 필요할 뿐만 아니라 개별적 취향과 감수성이 작동하는 영역이므로 일반적 의미의 독서와는 아무래도 거리가 생기게 마련이다.

낯선 것, 미지의 것을 읽고 이해하고 자기화할 때, 즉 그것을 다시 객관적인 방식으로(글을 쓴다거나 하는 방식으로) 표현할 수 있을 때 지식은 발생한다. 이때 읽고 이해하고 자기화하는 과정 속에는 그 지식의 대상을 특정한 기준에 맞추어 체계화하고 분류하는 작업이 동시에 진행된다. 이런 식으로 훈련된 우리의 이성은 어떤 대상에 대해 추상화할 수 있는 능력을 갖게 된다. 그런데 이것은 문자를 읽고 쓰는 부류의 인간들에게만 한정된 이야기다. 월터 J 옹이 『구술문화와 문자문화』에서 지적했듯이, 문자적으로 생각하지 않는 사람들에게 지식이란 철저하게 경험적인 것이다. 그들에게는 무엇인가를 분류하고 연상하고 체계화하고 추론하며 추상화하는 능력이 없다. 대신, 그들에게는 자신의 경험에 따라 인간을 포함한 자연과 세계를 모방함으로써 그것들을 이해하는 능력, 세계 속에서 인간과 뭇 생명과 사물들의 질서를 파악하고 교감하는 능력이 있다.

벤야민은 "인간이 지닌 상위의 기능들 가운데 미메시스 능력에 의해 결정적으로 규정되지 않는 기능은 없을 것이다"「미메시스 능력에 대하여」, 211쪽라고 말함으로써 인간이 지닌 모방적 속성을 지적했다. 다른 사람의 모습이나 동물들의 울음소리, 사물의 특징을 흉내 내는 아이들의 놀이, 낯선 언어를 반복적으로 따라함으로써 지식을 신체화하는 행위, 자연과 인간의 모습이나 특징을 모방하는 무희들의 예술적 표현에 이르기까지 인간의 미메시스적 능력은 광범위하다. 하지만 유사성을 인식하는 인간의 재능은 역사가 흐르면서 점차 쇠약해졌다. 춤이나 제의祭儀 행사, 점성술과 같이 "우주에 존재하는 형상에 자신을 동화"같은 글, 213쪽시켰던 인간의 미메시스 능력은 점차 희소하고 특별한 재능으로 제한되기 시작했던 것이다.

그렇지만 인간이 지닌 미메시스 능력이 완전히 소멸된 것은 아니라고 벤야민은 말한다. 월터 J 옹이 구술 문화와 문자 문화를 단절적으로 설명했던 것과 달리, 벤야민은 '비감각적 유사성'의 개념으로 인간의 언어 속에 여전히 남아 있는 미메시스 능력을 긍정적으로 바라보았다. "소리로 말한 것과 의미된 것 사이의 결합뿐만 아니라 글로 씌어진 것과 의미된 것 사이의 결합, 그리고 글로 씌어진 것과 소리로 말한 것 사이의 결합도 이루어내는"「미메시스 능력에 대하여」, 214쪽 '비감각적 유사성'의 원리에 따라 글을 쓰는 행위, 그리고 언어와 문자 자체는 인간에게 여전히 남아 있는 미메시스의 긍정적 능력이다. 따라서 벤야민은 자신의 글쓰기에서 손으로 글을 쓰는 행위 자체를 중시했고, 베껴 쓰기와 인용하기를 글쓰기의 실험적 요소로 받아들였던 것이다.

벤야민이 말하는 언어와 문자의 비감각적 유사성 혹은 언어의 모든 미메시스적인 것은 '읽기'의 영역에도 적용된다. 그는 "모든 언어 이전의 읽기, 동물의 내장, 별들 또는 춤에서 읽기"같은 글, 215쪽와 같이 '씌어지지 않은 것'을 읽어내는 미메시스적 재능이 현대에 이르러 문자와 언어로 진입하여 "글쓰기와 읽기의 빠른 속도가 언어 영역에서 기호적인 것과 미메시스적인 것의 융해 과정을 상승"시킬 것이라고 말한다. 그에게 언어는 인간에게 남아 있는 미메시스적 태도의 최고 단계인 것이다.

언어 속에 잠재되어 있는 미메시스적 재능 혹은 자연(여기서 자연은 풍경으로서 자연뿐만 아니라 인간이 그것의 일부인 우주 혹은 이 세계를 의미한다)과의 교감 능력에 관한 벤야민의 통찰은 한편으로 자연을 타자화하고 인간의 이성에 절대적 지위를 부여하는 '계몽'이 진행됨에 따라 점차 사라져갔다는 역사적 위기의식과 함께한다. 역사 속에서 타자화된 자연은 '야만'적인 것으로 이해되었고, 모든 야만은 문명과 진보의 이름으로 '개발'되어야만 했다. 벤야민이 보기에 "야만의 기록이 아닌 문화의 기록이란 결코 없다."「역사의 개념에 대하여」, 336쪽 서구의 역사에서 '야만의 문명화'란 언제나 승리한 쪽의 관점일 뿐이고, 그들의 문화재는 전리품에 불과하기 때문이다.

벤야민은 문명과 야만의 이분법이 작동하기 전 인간에게 있던 미메시스 혹은 교감 능력이 '계몽'의 진행과 더불어 자본주의 시대가 출발하면서 쇠락했다고 보았다. 그가 볼 때 보들레르는 이러한 문제를 누구보다 예민하게 알아차렸고 교감의 능력을 최후까지 간직한 마지막 시인이었다는 점에서 의미 있는 존재였다. "어느 누구도 보들레르처럼 오랫동안 까다롭게, 그러면서도 무관심한 태도로 상호 관련성이 풍부한 교감들을 추적하지는 않았다. 그에게 '광활하고 둥근 아치형 하늘의 푸른색, 아니면 불빛과 돛대들로 가득 차 있는 어떤 항구' 등의 시구를 낳게 한 것은 바로 이러한 교감"「보들레르의 몇 가지 모티브에 관해서」, 152쪽이었다고 벤야민은 말한다.

기술 문명의 발달은 지식을 대중화하고 사람들의 감각을 새로운 방향으로 이끌었지만, 경험과 모방으로 무엇인가를 배울 수 있었던 이전 시대의 방식을 빼앗아가버렸다. 벤야민은 그러한 상태를 "지성의 인간다운 사용법"「일방통행로」, 85쪽을 잃어버린 상태로 이해한다. 계몽주의 시대 이래로 보편화되기 시작한 이성중심주의, 모든 것을 체계화하고 분류하고 목록화하는 것으로 인간과 사물, 자연과 세계 전체를 장악할 수 있다는 믿음은 실제로 인간이 갖고 있던 하나의 능력인 "예견의 능력을 발휘하는 데 실패"하는 것으로 나타났고, 결국 현실에 눈감게 만드는 "사회의 우둔함"으로까지 나아갔다.

'예견'은 인간의 신체가 자연(혹은 우주)과 가까웠던 시절에 경험과 모방으로 무언가를 배울 수 있던 인간들이 지닌 능력이었다. 사람들은 그 능력을 통해 "도취의 상태에서 우주를 경험"했다. 그리고 이는 "반드시 공동체 안에서만 가능하다는 것을 의미"했다. 기술의 발달이 인류에게 '새로운 신체'를 조직할 수 있도록 했다면, 벤야민은 그 것을 통제하는 새로운 종류의 공동체적 신체를 조직함으로써만 자본-권력의 지배로부터 자유로워질 수 있다고 믿었다. 벤야민의 시대에 그 공동체적 신체의 이름은 '프롤레타리아트'였다. 그는 이렇게 말한다. "프롤레타리아의 힘은 그 신체가 회복되어가는 과정의 척도이다. 프롤레타리아의 규율이 그 신체의 뼛속까지 스며들지 않는 한 그 어떤 평화주의적 숙고도 그 신체를 구하지 못할 것이다.""『일방통행로』, 164쪽

새로운 신체를 조직하는 일의 중요성을 벤야민은 자신의 신체를 다양한 방식으로 실험하며 깨달았다. 이는 무엇보다도 고독한 독서로서의 공부를 관계(나아가 공동체적인 것으로 연결되는) 맺기를 통해 확장하고자 하는 시도 속에서 확인된다. 청년 시절 그는 다양한 모임에서 친구들과 함께 공부하고 토론하면서 공동체의 가능성을 질문했고, 학교를 졸업한 뒤에는 더 다양한 지식인 활동가들과 교류하며 그들을 통해 끊임없이 배워갔다. 독서를 통한 공부를 할 때조차 그는 단순히 지식의 습득에만 머무는 공부를 하지 않았다. 보들레르를 만

나면 보들레르가 되고, 프루스트를 만나면 프루스트가 되며, 카프카를 만나면 카프카가 되는 방식으로 공부했다. 이에 더해 여행은 낯선 세계를 배울 수 있는 중요한 공부법이었다. 그는 낯선 도시를 여행할 때마다 길을 잃고 헤매며 어린아이가 걸음마를 배우듯 온몸의 감각을 다시 새롭게 조직하며 새로운 것을 만나 나갔다.

벤야민은 결코 골방에 홀로 앉아서 자기만족적으로 공부하지 않았다. 글쓰기를 통해 세상과 대화하려는 지식인이라면, 또 자기 시대의 문제와 고투하며 그것을 헤쳐갈 수 있는 역량에 대해 고민하는 지식인이라면, 그 사람은 자신을 돌아보는 것과 더불어 시대의 문제에 맞서야만 한다는 문제의식을 언제나 갖고 있었다. 그가 직면한 시대의 문제는 자본주의와 파시즘이었다. 자본주의의 발전에서 주요한 축으로 기능한 인간의 이성과 과학기술의 진보는 인간의 삶을 한층 쾌적하게 만드는 데 기여해왔다. 하지만 그것은 동시에 인간과 자연, 인간과 인간 사이의 관계를 단절하고 파탄 내기도 했다. 파시즘은 그것의 극단, 곧 자본–권력이 사람들의 몸과 마음을 극단적인 방식으로 착취하고 억압하며 왜곡된 방식으로 조종할 때 창궐한다. 마치 나치 치하의 독일인처럼, 그 과정 속에서 보통의 사람들은 삶의 피로와 고통의 원인을 쉽게 오해한다. 파시즘은 나쁜 지배의 이데올로기일 뿐만 아니라, 보통의 사람들이 경험하는 비참하고 궁핍한 삶에 대한 분노를 왜곡된 방식으로 표출하도록 기획하고 길을 터주는 지배의 악랄한 전략인 것이다.

독일에서 나치당이 투표를 통해 제1당이 된 1923년 이후부터 유대인 학살이 공공연해진 제2차 세계대전 말기, 자신의 생을 스스로 마감하기 전까지 벤야민은 이 문제에 집중했다. 문제의 근원을 파헤치기 위해 19세기에 자본주의가 어떻게 문화적으로 표현되었는지를 살펴보는 일에 집중했고, 자본주의가 어떻게 사람들의 몸과 마음을 장악하여 현실을 외면하게 만드는지(이런 상태를 벤야민은 꿈을 꾸는 상태로 이해했다)를 말함으로써 사람들이 꿈에서 깨어나기를, 즉 각성되기를 바랐다. 이것이 이른바 벤야민이 공부의 화두로 삼았던 '역사로부터 정치를 불러일으키기'이다.

벤야민은 온몸으로 공부하는 지식인이었다. 근대인에게 사라져 버린 신체의 능력과 몸의 감각을 다시 찾아내기 위해 그는 다양한 방식으로 자신을 실험했다. 꿈을 꾸고 잠에서 깨어나는 과정을 면밀히 살펴보는 일, 의사의 입회하에 약물 실험에 몸을 맡김으로써 도취의 상태를 경험하는 일, 그리고 읽은 문장들을 베껴 씀으로써 손, 아니 몸 전체의 감각이 어떻게 반응하는지를 경험했다. 이러한 실험을 통해 지식인의 무기인 글쓰기를 첨예하게 고민했다.

어떻게 글을 쓸 것인가, 특히 어떤 내용인가의 문제보다 어떻게 표현할 것인가의 문제가 벤야민에게는 항상 중요했다. 베껴 쓰기, 잠언적 글쓰기, 논문적 글쓰기, 그리고 인용 부호 없는 인용의 글쓰기까지 다양한 방식으로 자신의 글쓰기를 실험했다. 그것만이 시대를 적극적으로 사는 방식이었다. 그에게 글쓰기는 유일한 삶의 출구였는지도 모른다. 출구란 이 삶의 지옥에서 빠져나갈 수 있는 하나의 가능성, 지금 당장 할 수 있는 유일한 그 무엇을 발견하는 것, 아니 발명하는 것이다.

벤야민이 자신의 도플갱어로까지 이해했던 카프카는 그의 소설 「학술원에 드리는 보고」에서 이렇게 말한 바 있다. "그렇습니다. 저는 자유를 원하지 않았습니다. 단지 하나의 출구만을 원했습니다. 왼쪽이든 오른쪽이든 어디든 관계없이 (…) 그 출구가 하나의 착각일지라도 말입니다. (…) 전진, 전진! 궤짝 벽에 몸을 밀착시킨 채 팔을 쳐들고 가만히 서 있지만은 말아야 합니다." 출구를 찾는 카프카의 절박한 외침에 대해, 벤야민은 기존의 길들을 별다른 갈등 없이 파괴하며 어디서나 새로운 길을 발견하면서 만들어가는 '파괴적 성격'으로 응답한다.

출구를 찾기 위해 끊임없이 여기저기 굴을 파고 머리를 벽에 부딪치고 다시 방향을 바꾸어 또 다른 굴을 파는 방식으로 절망을 잊는 것이 카프카의 방식이었다면, 벤야민은 사라진 길의 흔적을 추적하고 유물을 캐내듯 기억을 발굴하고 이미 자리 잡은 길을 의심하고 흠집 내는 방식으로, 혹은 길이 아닌 곳에서 길을 발견하는 방식으로 출구를 향한 지도를 그려 나갔다. 이를 위해 그는 언제나 '파편'이 필요했으며, 또 그것을 중요하게 여겼다. "그는 어디에서나 길을 보기 때문에 그 자신은 언제나 교차로에 서 있다. 어떤 순간에도 그는 다음의 순간이 무엇을 가져다줄지에 대해 알지 못한다. 현존하는 것을 그는 파편으로 만드는데, 그것은 파편 그 자체를 위해서가 아니라, 그 파편을 통해 이어지는 길을 위해서이다."「파괴적 성격」, 29쪽 파편들이 놓여 있는 자리를 연결하고 그것들을 새로운 자리에 재배치하는 과정에서 벤야민의 사유의 별자리는 그려졌다. 그것은 길을 잃고 헤매는 막막한 시대에 밤하늘의 별을 보며 찾아가려는, 그가 만들어낸 하나의 내비게이션이었다.

LAIT·THE
COLAT

1892년 독일의 베를린에서 태어난 벤야민은 생의 몇몇 시절을
제외하면 대부분의 시간을 도시에서 보냈다. 도시는 그에게 집이고
학교며 세계였다. 그가 남긴 많은 글들이 도시에서 얻은 사색과 경
험, 그리고 배움으로부터 비롯되었다. 공부 혹은 배움의 장소로서
'학교'는 그에게 그다지 매력적인 공간이 아니었다. 학창 시절에도
그에게 더 큰 앎의 기회를 제공한 것은 대부분 '학교 바깥'에 있었다.

1. 학교 그리고 학교 바깥

 벤야민의 학창 시절은 불행했다. 그는 학교라는 공간 그리고 학교에서 맺어지는 관계들과 불화했다. 학교에서 이루어지는 고루하고 억압적인 교육 방식과 시스템을 이해할 수 없었고, 지식을 습득하는 차원에서도 만족하지 못했다. 오히려 공식적인 학교의 바깥, 즉 소규모 엘리트 그룹에서 하는 공부라든가, '토론실'의 교육개혁운동과 문학(예술)적 세례, 베를린의 몇몇 카페에서 느끼는 자유로운 문화적 분위기에 매력이 끌렸고, 그 속에서 많은 것을 배웠다.

 그렇다고 그가 모든 제도 교육과 불화했던 것은 아니다. 베를린의 최고 명문인 프리드리히 황제 학교에서 보낸 지옥 같은 시간들 중간에는 짧지만 달콤했던 하우빈다 기숙학교의 시간이 자리 잡고 있기 때문이다. 하우빈다 기숙학교의 진보적인 수업 방식과 그 학교 교사인 구스타프 비네켄의 교육개혁운동은 벤야민에게 특히 큰 영향을 끼쳤다. 대학생이 된 벤야민은 그 영향으로 '자유학생연합'에 가입했고, 독서 토론 활동에 열정적으로 뛰어들게 되었다. 바로 이것이 그의 청년기를 구성하는 중요한 사상적 경험적 토대였다.

1930년대 초반 마흔 살 무렵에 벤야민은 자신의 유년기와 학창 시절을 회상하는 일련의 수기 『1900년경 베를린의 유년시절』과 『베를린 연대기』를 세상에 내놓는다. 이를 통해 우리는 그 시절 벤야민이 경험했던 학교와 공부는 물론이고 그것들을 바꾸고자 했던 사유와 활동의 일부를 확인할 수 있다. 이들 책에서 벤야민은 단순히 과거를 기억하고 감상을 덧붙이는 데 그치지 않는다. 불쑥불쑥 떠오르는 과거의 사건과 인상을 그만의 독특한 방식으로 기록해 나갔는데, 그것은 꽤 흥미롭고 매력적이다.

과거로 향한 그의 시선은 언제나 어떤 장소와 사물들에 대한 인상으로부터 시작해 그곳에 머물렀던 사람들(자기 자신을 포함)과 그들이 만들어내는 관계의 경향들, 나아가 그것이 확장된 것으로서 사회적 시스템의 문제까지 파고든다. 이를테면 학교 문제에 대한 접근은 그가 다녔던 프리드리히 황제 학교의 외관을 묘사하는 데서 시작하는데, 이러한 접근법 속에는 사실 그것이 지닌 어떤 본질까지도 함축되어 있다.

학교 건물은 붉은 기와들로 지어졌고 (…) 모든 부분이 답답하면서도 떡 벌어진 어깨와 같은 인상을 풍긴다. 도시 전철 구역과 바로 맞닿은 곳에 우뚝 선 학교 전체 건물은 애처로우면서도 노처녀 같은 냉담함을 풍겼다. 아마 내가 그 건물에 대한 유쾌한 기억을 하나도 갖고 있지 못한 것은 건물 내부에서 겪은 것보다는 건물의 외관 때문이리라.　　　　　　— 『베를린 연대기』, 224쪽

부유한 유대인 상인의 장남으로 태어난 벤야민은 어린 시절부터 수준 높은 엘리트 교육을 받으며 성장했다. 프리드리히 황제 학교에 진학하기 전까지 그는 프랑스인 여성 가정교사와 보모를 통해 가정교습을 받거나, 소수의 부유층 자녀들만으로 구성된 소그룹에서 공부했다.

베를린에서 가장 권위적이고 전통 있는 프리드리히 황제 학교는 명문가의 엘리트 자녀들이 다니는 학교였지만, 불행히도 벤야민에게 그곳은 그리 유쾌한 공간이 아니었다. '떡 벌어진 어깨', '애처로우면서도 노처녀 같은 냉담함'이 프리드리히 황제 학교의 건물 외관에서 그가 받은 인상이었고, 이러한 부정적 인상의 기운과 함께 그의 내성적인 성격과 병약함, 그리고 10대 청소년 특유의 예민함까지 덧붙여져 즐거운 학교생활이란 불가능에 가까웠다.

수업 시작 10분 전에야 열리는 창살 교문, 지나가는 선생님에게 인사하기 위해 번번이 모자를 벗어야 했던 일의 번거로움, 저학년 때 경험했던 각종 체벌들, 군대식 훈련을 방불케 하는 학교 간 대항 경기에 관한 벤야민의 회고는 그가 학교생활에 대해 얼마나 부정적이

었는지를 단적으로 보여주는 예다. 보통 유년기를 회상하는 글에서 느껴지는 밝고 따뜻한 분위기가 『베를린 연대기』에서 느껴지지 않는 것은 그가 자신의 학창 시절을 어두운 이미지로 묘사했기 때문이기도 하다.

벤야민이 경험한 학교란 규칙과 명령, 그리고 그것의 수행으로 작동되고 유지되는 조직이었다. 그는 성인이 된 뒤에야 비로소 자신이 왜 그토록 학교라는 공간에 대해 부정적이고 낯설게 느꼈는지, 그 이유를 깨달았다.

> 오늘에야 비로소 나는 당시 선생님들 앞에서 모자를 벗어야 했던 의무가 왜 그렇게 싫었는지, 왜 그렇게 굴욕적이었는지 그 이유를 설명할 수 있을 것 같다. 그러한 제스처를 통해 나의 개인적 삶의 세력권 안으로 그들을 받아들이라는 요구가 내게는 무례한 것으로 보였기 때문이다. 그것이 친밀성을 내세우지 않는, 어느 정도 군대식 경례였다면 별로 반감을 갖지 않았을 것이다. 그러나 마치 친척이나 친구에게 하듯이 선생님에게 인사하라는 것은 사람들이 내 집 안에 학교를 열겠다는 것처럼 끔찍한 무례함으로 보였다. ── 『베를린 연대기』, 224~225쪽

어린 벤야민에게도 부르주아의 생활 방식, 즉 사생활의 영역을 보호하고 내밀한 관계의 울타리를 견고하게 유지하는 일은 중요했

다. 개인의 생활과 그것을 유지시켜주는 가족과 친지 및 친구 관계는 자신에게 우호적이며 친밀한 것이지만, 그렇지 않은 공적인 관계들(학교나 직장 군대와 같은 공간)에서 맺는 관계는 위계와 권위와 규율을 기반으로 한다. 벤야민에게 선생님들 앞에서 모자를 벗어야 했던 의무가 마뜩지 않게 느껴진 것은, 선생-학생 간의 관계가 명령과 그것의 수행이라는 군대식 관계와 다르지 않음에도 불구하고, '군대식 경례'가 아닌 '친척이나 친구에게 하듯이 인사'할 것을 요구했기 때문이다. 학교에서 요구하는 이 같은 의무 수행은 벤야민에게 마치 '내 집 안에 학교를 열겠다는 것처럼 끔찍한 무례함'으로 비쳐졌다. 요컨대 어떤 관계가 그것의 본질을 감추고 가식적인 태도를 취하는 것에 대해 그는 쉽게 용인할 수 없었던 것이다.

벤야민은 학교생활을 통해 학교가 지닌 군대적 속성을 적나라하게 경험했다. 각종 명령과 규칙들, 그리고 그것을 어겼을 때 가해지는 매와 자리 바꾸기와 감금 등의 체벌, 이에 더해 성적표나 진급 여부에 대한 공포, 편을 갈라 상대편 포로를 많이 잡는 팀이 이기는 바라우프(Barlauf)라는 이름의 군대식 경기 등은 학교가 작동하는 방식이 군대와 다르지 않음을 보여주었다. 특히 학교 간 대항 경기인 바라우프는 대단히 끔찍했던 경험 중 하나였다. 베를린 소재의 학교 간 대항전은 임시 휴교를 할 만큼 대단히 큰 행사였는데, 원치 않는 이 행사에 동원된다는 것 자체가 벤야민에게는 견디기 힘든 일이었다. 그로서는 같은 학교의 "학생들을 찾아야 하는 일, 운동장을 가로지르지 않고 그늘 휴식처를 찾아내는 일, (…) 그날의 대회 결과를 발표하는 사람들 중 누군가의 주위에 몰려 앉아 경기에 대한 나의 무관심을 숨기려 애쓰는 일, 혹은 그 결과를 잘 이해하지 못했음에도 불구하고 집으로 가는 길에 친구들과 그날의 경기 진행에 대한 이야기를 나누어야 하는 일"『베를린 연대기』, 226쪽에 이르기까지 곤혹스럽지 않은 일이 하나도 없을 지경이었다.

그런데 이러한 행사에서 벤야민이 가장 혐오하고 불쾌하게 생각했던 것은 위에서 열거한 자잘한 곤혹스러움을 불러온 엄청난 규모의 행사 자체가 아니라 그것이 벌어지던 '장소'였다. 그는 다음과 같이 회상한다.

> 행사장으로 가는 넓은 가로수길 양쪽에는 병영 건물이 늘어서 있어 경기장과 맞닿아 있었다. 연병장이 곧 경기장이었던 것이다. 대회가 열리는 날이면 내게는 다음과 같은 생각이 떠나지 않았다. 여기서 한순간이라도 긴장의 끈을 놓치면, 나무 그늘에서 혹은 소시지 판매대 앞에서 잠시라도 편안함을 느낀다면, 10년 뒤에 나는 꼼짝없이 그곳의 덫에 걸려 군인이 될 수밖에 없다는 생각이 그것이다. —『베를린 연대기』, 226~227쪽

벤야민은 학교의 군대적 성격을 자신이 경험한 공간에서 본능적으로 감지한다. 한순간이라도 긴장의 끈을 놓치거나 그곳에서 편안

함을 느낀다면 10년 뒤 군인이 될 수밖에 없다는 그의 불안은, 군대의 연병장에서 열리는 군사적 성격의 학교 대항 경기가 사실상 예비군인으로서 수행하는 훈련과 다르지 않다는 무의식적 깨달음이다. 그는 "지옥 같은 학교와 이별"할 때까지 학교라는 공간이 "시간제 감옥"으로 느껴졌고, 교실들이 늘어선 복도에서 "공포"를 맛보아야만 했다.

벤야민의 시대로부터 한 세기 이상 떨어진 오늘날에도 학교가 지닌 군대나 감옥으로서의 성격은 근본적으로 변하지 않았다. 다만 조금 더 쾌적한 공간, 세련된 통제-지배 기술이 그러한 학교의 속성을 비가시적으로 만들었을 뿐이다. 이와 같은 문제는 20세기 후반에 이르러 푸코가 『감시와 처벌』에서 감옥, 학교, 군대, 공장, 병원이라는 공간이 갖는 본질적인 유사성을 제기하면서 비로소 공론화되기 시작했다.

학교의 위압적 분위기를 벤야민이 견디는 방식은 책 속으로 빠져드는 것이었다. 훗날 그는 "책의 매력은 그 내용에 있는 게 아니라 삭막한 학교생활에서 느끼는 비통함을 그래도 견딜 수 있게 해주는 15분이라는 휴식 시간을 확보해준다는 데"『1900년경 베를린의 유년시절』, 108쪽 있었다고 회고한다.

프리드리히 황제 학교에서 3학년을 마친 벤야민은 1905년 열네 살 되던 해 튀링겐에 있는 하우빈다 기숙학교에 진학하여 2년 간 머물렀다. 병치레가 잦던 그의 건강을 염려한 부모의 배려 덕분이었다.

구스타프 비네켄이 교육개혁 구상을 실험했던 하우빈다 기숙학교에서 보낸 학교생활은 벤야민에게 큰 자극이 되었다. 이곳에서 그는 처음으로 "학생과 교사가 같은 목표를 추구하는 자유롭고 동등한 파트너로 만나는 경험"『발터 벤야민』, 20쪽을 했으며, 친구들과 독서토론회를 조직하여 세계적인 희곡 작품을 읽고 토론하기도 했다.

하우빈다 기숙학교의 학교생활에서 얻은 활기에 힘입어 프리드리히 황제 학교로 되돌아온 벤야민은 1912년 무사히 졸업을 하고 프라이부르크 대학에 등록했다. 하지만 하우빈다 기숙학교의 진보적 분위기에 고무된 그에게 이 대학의 분위기는 고루하고 편협하게만 느껴졌다. 이 시절 벤야민은 대부분의 시간을 청년운동 단체를 조직하는 데 할애했다. 그는 도시 안에 작은 주택을 빌려 토론실을 열고 친구들과 함께 예술과 도덕에 관한 문제를 자유롭게 토론하면서 "부모나 시민 대중에게 감시받지 않는 자유로운 생활 형태"같은 책, 25쪽를 실험하는 데 몰두했다.

"어쨌든 당시 내게는 '토론실' 그룹만이 중요했다"『베를린 연대기』, 175쪽고 말할 정도로, 그 시절 벤야민에게 청년운동 조직과 토론실 생활은 매우 큰 의미를 차지했다. 토론실은 그에게 "베를린의 마지막 부르주아 엘리트가 차지했던 역사적 장소의 가장 엄밀한 상징"같은 책, 177쪽이자, 권위적이고 억압적인 "시간제 감옥"으로서의 학교와 날카롭게 대립하는 대안적 공간이었다. 그러나 열정과 실험만으로는 학교와 교육을 개혁하는 데 충분치 못하다는 사실을 벤야민이나 그의 친구들

하우빈다 기숙학교(현재 모습)
벤야민은 베를린의 공립학교인 프리드리히 황제 학교에 잘 적응하지 못하다가 3년 만에 튀링겐
의 하우빈다 기숙학교로 옮겼다. 2년 남짓 그곳에서 수학하며 그는 구스타프 비네켄 교사의 교
육개혁운동에 깊은 영향을 받았다.

은 당시에 알아차리지 못했다.

> 우리는 도시 베를린에 있는 학교를 개혁하고, 학부모의 비인간성
> 을 꺾어버리며, 학교 안에 휠덜린이나 게오르게의 어휘들이 자
> 리 잡게 한다는 목표 의식만을 가지고 있었다. 베를린은 전혀 건
> 드리지 않은 채 그냥 내버려 두어도 된다고 믿었다. 그것은 인간
> 이 처한 환경에 손을 대지 않고 인간의 태도를 고치겠다는 최악
> 의 영웅적 시도였다. 우리는 그러한 시도가 실패할 수밖에 없음
> 을 알지 못했다. ─『베를린 연대기』, 178쪽

학교를 개혁하기 위해서는 그것의 배후가 되는 사회경제적 관계
들을 문제 삼아야 했지만, 그들의 젊은이다운 열정과 이상주의는 빌
헬름 2세 치하 독일제국의 현실을 꿰뚫어 보는 데 방해가 되었다. 여
기에는 부르주아 엘리트로서 그들의 태생적 한계 또한 일정한 영향
을 미쳤을 터다. 그들은 교육과 부모 세대의 정신을 바꿈으로써 현실
을 개혁할 수 있다고 믿었지만, 그 어느 것으로부터도 완전히 독립할
수 없는 존재였고, 결국 프리드리히 휠덜린(1770~1843, 기독교와 고대 그
리스 정신의 조화를 꿈꾸었던 독일의 시인)과 슈테판 게오르게(1868~1933, 말
라르메의 영향을 받았고, 보들레르를 번역한 독일 상징주의 시인)로 대표되는 문
학의 세계에 몰두함으로써 냉혹한 현실에서 한발 물러서버렸다. 지
루하고 딱딱한 교과서에서 벗어나 당대의 첨단 문학을 학교 공간 안

프리드리히 횔덜린과 그의 육필 원고

왼쪽 그림은 횔덜린이 죽기 직전인 1842년에 그려진 연필 데생의 초상화이며, 오른쪽은 횔덜린의 친필로 작성된 시 「격려Ermunterung」이다.

벤야민은 대학 공부가 편협하다고 생각하여 강의를 거부하고 친구들과 함께 토론실 생활을 하면서 프리드리히 횔덜린과 슈테판 게오르게에 심취했다. 벤야민의 친구 하인레가 자살하자 그는 친구를 잃은 슬픔을 「횔덜린의 시 두 편 연구」를 써서 헌정하기도 했다.

에서 자유롭게 소비하고 싶은 욕망. 어쩌면 그들의 진정한 바람은 부모나 선생으로 대표되는 기성세대로부터의 독립, 학습의 의무에서 벗어나 마음껏 문학작품을 향유할 자유를 얻는 데 있었던 것은 아니었을까. 이 시절의 경험을 벤야민은 그대로 흘려버리지 않았다. 친구 하인레가 제1차 세계대전에 반대하여 애인과 함께 토론실에서 자살했을 때, 벤야민은 친구를 잃은 슬픔을 「횔덜린의 시 두 편 연구」를 써서 헌정함으로써 달랬다. 훗날 자신의 주요 번역과 연구의 대상이 된 보들레르에 대한 관심 또한 게오르게가 소개한 프랑스 상징주의와 보들레르의 시로부터 촉발되었다.

벤야민과 그의 친구들이 학교 문제에 대한 인식의 한계를 냉정하게 바라보게 된 것은 학교와 학교 바깥의 수업 모두를 경험하고 비판하며 실패하고 도전하는 실험을 충분히 진행한 이후였다. 그것은 벤야민 자신의 표현에 따르면 "그때와는 아주 다른 성찰", 즉 치열하고 비판적인 토론실에서 훈련을 통해 얻은 반성이었다. 그 다른 성찰을 통해, 또한 자신들이 몸담았던 토론실의 공간적 한계나 특성을 통해 그들은 여타 부르주아 지식인들의 모임과는 달리 스스로의 한계를 분명히 인식하는 힘을 키울 수 있었다.

그러나 우리는 우리의 한계를 느끼고는 있었다고 생각한다. 잘못된 학교와 잘못된 부모를 필요로 하는 국가를 파괴하지 않고서는 학교도, 우리의 부모도 개선시킬 수 없다는 인식이 무르익을 때까지는 오랜 시간이 흘러야 했지만. 나이 어린 학생들이 자신들의 집에서 감당해야 했던 가혹 행위에 대해 이야기했던 '토론실'을 열면서 우리는 그러한 한계를 느꼈다. 우리는 우리가 반기를 들었던 부모와 결코 다른 사고를 가지지 않았던 어떤 부모의 친절에 감사해 하면서 집회 장소를 사용했기 때문이다. (⋯) 한순간도 의식하지 않을 수 없었던 술집에서 문학의 밤을 열었을 때도 (⋯) 우리는 토론실의 주인과 건물 관리인 그리고 우리의 친척과 후견인을 상대할 때에도 마찬가지로 한계를 느꼈다.

—『베를린 연대기』, 180쪽

국가를 파괴하고 학교와 부모를 개선해야 한다는 그들의 문제의식은, 개선의 대상인 부모들로부터 특권적 수혜를 받고 그에 기댐으로써만 유지되는 토론실 공간에서 이루어졌다. 그들은 이 같은 한계와 이율배반을 매번 느껴야만 했으며, 이런 모순적 상황이 여타 부르주아 지식인들의 모임과 자신들을 구별해내는 '다른 성찰'로 이끌었을 것이다.

벤야민과 그의 친구들에게 사상의 인큐베이터 역할을 했던 토론실 시대가 실질적으로 마감된 것은 토론실 멤버였던 하인레와 하인레의 여자 친구가 그곳에서 자살하는 비극적 사건을 겪으면서였다. 이 사건은 벤야민에게 훗날까지 큰 상처로 남게 된다. 그럼에도 불구하고 그 일은 벤야민을 성숙시켰다. 그가 "나는 도시 베를린도 보다 나은 질서를 위한 투쟁의 상처를 결코 모면하지 못하리라는 확신이 들었다"「베를린 연대기」, 181쪽라고 말했을 때, 그것은 전쟁에 반대하고 좀 더 나은 삶을 위해 투쟁하던 사람들의 역사가 도시 전체에 흔적으로 남아 있음을 지적한 말이자, 동시에 수십 년 내에 다시 벌어질 전쟁이나 더 나은 삶을 만들려는 사람들의 투쟁에 대한 날카로운 통찰을 보여주는 말이기도 했다.

하지만 그 시절, 토론실만이 벤야민의 유일한 공부방은 아니었다. 벤야민과 그의 친구들에게는 "베를린의 카페가 일정한 역할을 담당하던 시절"이 있었다. 그들이 최초로 발을 들여놓은 빅토리아 카페는 "오수를 즐기는 장소라기보다는 오히려 전략의 본부"였는데, 제1차 세계대전이 발발했을 때 벤야민과 그의 친구들은 카페에 모여 앉아 "자원병들이 몰려드는 병영 중에 어디에 갈지를 고민"했고 "서로 경합을 벌이는 여러 활동들 ─'자유학생연합' 결성과 '토론실'의 발전, 더 큰 규모의 학생 모임에서 개최할 강연 원고 작성, 곤란한 처지에 빠진 동료에 대한 도움, 우정 및 애정 문제에 얽혀 상처를 입은 친구들에 대한 염려"같은 책, 183~184쪽를 나누기도 했다.

벤야민이 빅토리아 카페보다 더 큰 애정을 보인 곳은 그 카페 옆의 프란체스카 카페였다. 가게에 죽치고 앉아 장사에 방해만 될 뿐인 보헤미안 그룹(자유분방하고 낭만적 분위기의 학생 그룹)을 빅토리아 카페가 문전박대하기 시작하자, 프란체스카 카페는 재빨리 그들을 흡수함으로써 베를린의 지식인, 곧 보헤미안 그룹의 아지트로 자리 잡았다. 그러나 전쟁이 끝난 뒤 독일의 경기가 다시 살아나자 "'예술가'들은 무대 뒤로 물러나면서 점점 카페의 소도구의 일부가 된 대신, 증권업자, 경영자, 영화나 연극 매니저, 문학에 관심 있는 판매원 등으로 대변되는 부르주아 계층이 자리를 차지하기 시작했고, 그러는 사이에 그 카페는 유흥 술집이 되었다."같은 책, 185쪽

벤야민과 친구들이 그곳을 좋아했던 이유는 단순했다. "외부로부터 차단된 환경에 틀어박혀 있을 수 있기 때문"이었다. 그들은 어쩌면 (스스로가 인식했던 한계에도 불구하고) 자신들을 베를린에서 가장 진보적인 청년 그룹으로 이해하고 있었는지도 모른다. 그래서 문학의 밤을 개최할 만큼 열렬한 문학 신봉자였음에도, 문학만을 추구하는 "문학 서클로부터 차단"되기 위해 프란체스카 카페의 한 귀퉁이에 틀어박혔던 게 아닐까. 벤야민은 그곳에서 재즈 악단의 음악을 들으며 뒷날 교수자격취득논문이 될 「독일 비애극의 원천」을 준비했다.

2. 베를린, 배움의 시작과 도시에 대한 기억

학교와 학교 바깥의 다양한 공간에서 여러 선생 및 친구들과 서로 영향을 주고받으며 공부의 기반을 다졌던 벤야민에게 도시는 그 자체로 하나의 거대한 배움의 장소였다. 도시는 그에게 어떤 의미였고, 그는 도시에서 무엇을 배웠을까?

벤야민에게 도시는 삶의 장소이자 그의 사상이 만들어지는 핵심적인 공간이다. 도시를 빼놓고는 벤야민이라는 한 인간을 이해할 수 없고 그의 독특한 사상에도 접근할 수 없다. 그는 무엇보다 도시 그 자체에서 많은 것을 배웠으며, 낯선 도시로 여행하는 경험을 통해 그만의 고유한 이론적 방법론을 만들어냈다. 도시는 독서나 선생으로부터 배운 것보다 더 많은 것을 알려주었다. 그의 예민한 감각은 이미 어린 시절부터 도시에 대한 피상적인 인상을 넘어서는 중요한 본질에 접근하도록 이끌고 있었다.

'장보기의 무대'와 '저녁의 불빛 무늬'

어린 시절에 나는 도시를 장보기의 무대로 알게 되었다. 어떻게
진열대, 점원, 거울, 그리고 어머니의 시선까지 이어지는 통로가
아버지의 돈에 의해 우리 앞에 만들어지는지를 장보기에서 처음
으로 알게 되었다. ─『베를린 연대기』, 211쪽

벤야민은 도시를 '장보기의 무대'로 처음 만난다. 돈이 오가고 물
건이 거래되는 시장으로서 도시는 어린 벤야민에게 상품과 화폐로
대변되는 자본주의적 관계를 처음 가르친 곳이다. 상품이 진열되어
있는 상점, 그곳에 고용된 점원, 상품들을 더욱 빛나게 하는 거울, 그
리고 원하기만 하면 그것들을 가질 수 있도록 만들어주는 아버지의
돈, 이 모두가 도시의 첫 인상으로 기억하는 시장에서 경험했던 것
들이다. 도시의 야단법석은 상품과 화폐가 부리는 마술이었고, "저
불가해한 산맥, 아니 상품 지옥의 대열, 그곳이 '도시'였다."같은책, 211쪽
어린 시절 그가 경험했던 장보기의 무대로서 도시의 이미지는 훗날
『아케이드 프로젝트』에서 아케이드를 '상품들의 신전'으로 명명하고,
아케이드를 구성하는 다양한 요소들의 일부 항목 속에 상점·점원·거
울 등을 배치함으로써 다시 호명된다.

1905년 14세 나이로 하우빈다 기숙학교에 들어가기 이전까지 벤
야민은 베를린에서 유년기를 보냈다. 그런데 벤야민에게 베를린은

도시 이상의 의미, '장보기의 무대'를 넘어선 공간들의 집합체, 아련한 느낌을 불러오는 과거의 기억이 숨어 있는 장소들을 대표하는 이름이었다. "그것도 결국 도시가 아닐까? 저 안쪽에 '모임'이 열리고 있을 때 침실 문틈 아래로 비쳐드는 저녁의 불빛 무늬 말이다. 마치 빌헬름 텔의 세계나 율리우스 카이사르의 세계가 관객의 밤(객석의 컴컴한 곳―원문의 번역자)으로 밀고 들어오는 것처럼, 기대로 가득 찬 아이의 밤으로 밀고 들어오는 것은 도시 베를린이 아닌가?"(『베를린 연대기』, 216쪽)라고 그가 말할 때, 도시는 시끌벅적하고 휘황찬란한 물질문명의 성과를 자랑하는 공간과는 사뭇 다른 곳이다. 아이들에게는 금지된, 금지되었기 때문에 더욱 궁금하고 아쉬운, 밤에 이루어지는 어른들의 사교 모임은 그 시절 베를린의 중산층 부르주아들이 특권적으로 누리는 행사였고, 그곳이 '도시'이기 때문에 가능했다.

'저녁의 불빛 무늬'를 통해서만 간신히 상상할 따름인 밤의 사교 모임처럼 도시에는 어린아이가 쉽게 접근할 수 없는 문턱들이 곳곳에 존재한다. 하지만 한편으로 도시에는 어린아이를 받아주는 공간 또한 존재했는데, 벤야민에게 그곳은 '골목마당'이었다.

> 아이를 내보내고 다시 아이를 받아들이기 위해 도시가 문을 여는 곳도 골목마당이었다. (⋯) 집으로 돌아오는 기차에서 모든 것은 다르게 보였다. 골목마당의 커튼도 치지 않은 창문에서 드문 드문 나타나는 침침한 불빛이 우리의 가슴을 지폈기 때문이다.

그 불빛은 먼지투성이 계단실이나 걸레가 걸려 있는 지하실의
창문에서 나타났다. 내가 하넨클레에서 혹은 질트 섬에서 돌아
올 때 도시가 내게 보여주는 것은 바로 그러한 골목마당이었다.

—『베를린 연대기』, 217쪽

골목마당은 도시에 사는 아이들에게 가장 익숙한 장소이다. 아이
들의 놀이터이자 집과 세계를 연결해주는 통로이기 때문이다. 하지
만 여행에서 돌아오는 길, 기차역을 향해 들어가는 기차 안에서 바라
보는 골목마당은 아이의 눈에 가장 익숙한 도시의 가장 낯선 풍경을
제공한다. 여행의 경험이, 그리고 기차 안이라는 독특한 시선의 위치
가 익숙한 것을 낯설게 보이도록 만든다.

아이들에게는 골목마당을 벗어나서 도시 안쪽 깊숙이 들어가는
것이 금지된다. 어린 벤야민 역시도 어머니와 함께할 때에만 '장보
기의 무대'인 도시를 간신히 구경할 수 있었다. '저녁의 불빛 무늬'가
어린 벤야민에게 금지를 나타내는 하나의 이미지였다면, 골목마당
바깥쪽은 더 이상 어린아이 혼자서는 나아갈 수 없는 문턱들이었다.
이 문턱을 우연히 넘었을 때, 그는 더 이상 어린아이가 아니었다.

문턱을 넘는 일은 어느 날 문득, 그리고 보호자 없이 이루어진다.
그것은 '길 잃기'라는 통과의례를 동반한다. "그 일은 훗날 밤의 끝없
는 방랑 속에서 헤매고 다니게 될 어느 거리에서 일어났다." 유대교
축제일 날, 먼 친척을 만나기 위해 홀로 길을 나선 그는 어쩌다보니

길을 잃었고, '너무 늦어서 교회당에 제때 도착하지 못할 거라는' 불안감과 '될 대로 되라지. 내게는 아무 상관없다'는 불성실한 생각 속에서 자신도 모르는 사이에 하나의 문턱을 넘는다. 그의 마음속에 생겨난 '두 물결'은 "마침내 처음으로 갖게 된 강한 쾌감", 즉 "그 거리의 뚜쟁이 같은 면이 축제를 모독한다는 생각과 합쳐지면서 일어난 쾌감이었다. 그것은 이제 막 눈을 뜬 성적 충동에 그 거리가 뭔가를 제공해줄지 모른다는 예감과 함께 왔다."『1900년경 베를린의 유년시절』, 65쪽

로지아와 아케이드

골목마당이 집과 도시를 연결하는 통로라면, 집의 일부이지만 주거 공간은 아닌 로지아는 골목마당과 집을 연결하는 공간이다. 19세기 후반 서양의 도시 가정집에서 흔히 발견되는 로지아는 한쪽 벽은 집의 외벽으로 대신하고 반대편에는 바깥쪽을 향해 뚫려 있는 기둥들을 세워서 그 위에 지붕을 얹은 개방형 테라스 같은 공간이다. 도시의 안에 있지만 도시로부터 독립적인 집과 그 집의 일부이되 실내는 아닌 로지아는 골목마당과 연결되고, 골목마당은 다시 도시로 나아가는 길의 시작이 된다.

로지아의 테이블 앞에 어린 벤야민이 친구들과 모여 앉아 책을 읽으면 그 소리가 골목마당에 울려 퍼졌다. 그에게 로지아는 집 안의

자기 방만큼이나 친숙한 공간이었다. 하지만 로지아에 대한 친숙함은 단지 그런 이유 때문만은 아니었다.

> 주거 공간이 아니라는 점에서 로지아는 더 이상 거처가 없는 사람에게 위안을 주기 때문이다. 베를린 시민들의 집의 경계는 로지아에서 그어진다. 도시의 신이기도 한 베를린이 시작되는 지점도 그곳이다. 도시의 신이 현존해 있는 그곳에서는 덧없이 흘러가는 그 어떤 것도 자신의 존재를 주장하지 못한다. 도시의 신의 보호 아래 장소와 시간은 서로 잘 조화를 이루면서 도시의 신발치에 자리 잡는다.
>
> — 『1900년경 베를린의 유년시절』, 137쪽

건축물의 특성, 그리고 그 공간이 만들어내는 효과의 측면에서 볼 때 로지아는 아케이드와 유사하다. 그 둘은 주거 공간이 아니라는 점에서 공통점을 지닌다. 로지아는 집의 외벽과 일정한 거리를 둔 곳에 마련된 기둥을 지붕으로 연결해서 만든 공간이고, 아케이드는 하나의 길을 사이에 두고 마주보는 상점들을 기둥 삼아 철골과 유리로 지붕을 만들어 씌운 개방형 쇼핑몰이다. 로지아와 아케이드는 모두 실내는 아니지만 실내의 효과를 내는, 반쯤은 실외인 공간이다. 로지아는 주거 공간이 아니기 때문에 집주인이 소유권을 주장하지 않는 공간이며, 공동체의 구성원 혹은 외부에 열려진 공간이다. 이때 로지아는 '더 이상 거처가 없는 사람에게 위안'을 주는 장소가 된다. 무엇보다도 로지아는 광장을 향해 열린 구조였다.

점거는 할 수 있으되 소유는 할 수 없다는 열린 공간의 특징은 아케이드에서도 발견된다. 아케이드 안에 있는 각 상점은 누군가의 것이지만, 그 상점들 정면에 있는 통로는 누구의 것도 아니다. 19세기 초반의 파리 사람들은 아케이드를 쇼핑을 위한 공간으로뿐만 아니라 비를 피하거나 산책하는 장소로도 활용했다. 단, 아케이드의 통로를 통과하거나 그곳에 머무르기 위해서는 좋든 싫든 그곳에 진열된 상품들에서 눈을 돌리기 힘들었다.

어린 시절 로지아에서 친구들과 함께한 경험은 훗날 벤야민이 아케이드 연구에 몰두할 때 어떤 식으로든지 의식하지 않을 수 없는 건축물의 형태였을 것이다. 그에게 로지아는 어린 시절의 따뜻했던 풍경의 일부이며, 자본주의 사회의 물질문명 바깥에 있는 어떤 장소, 인간들의 관계가 파편화되지 않고 친밀성 위주로 유지되던 공동체적 공간이었다.

실내도 실외도 아닌 로지아와 아케이드의 건축 형태는 본질적으로 고대의 신전이나 공회당, 교회와 수도원의 긴 회랑식 복도에서 발견되는 반*개방적인 구조와 이어져 있다. 벽 없이 기둥과 지붕으로만 이루어진 신전, 외벽에 기둥과 지붕을 연결해 만든 복도식 공간은 신과 인간 혹은 인간들 간의 소통과 교류를 매개하는 장소였다. 이 건축물은 그 안에 있는 사람들이 하나의 공간에서 다른 공간으로

베를린 그라우 수도원에 보이는 로지아(1934)
중세 이탈리아의 성당, 관청, 광장 등 주로 공공건물의 일부로 시작된 로지아는 20세기 초반까지 유럽 전역에서 고급 개인 주택에도 자주 활용되었다.

이동할 때, 혹은 잠깐 동안의 휴식과 회합이 필요할 때 주로 사용되었다. 특정한 목적을 위해 만들어진 고정된 공간이 아니었기 때문에, 이해관계로부터 떨어져 개방성과 친밀성을 확보할 수 있었다.

그런데 아케이드는 신전, 공회당, 교회, 수도원 그리고 개인 주택에 딸린 로지아의 기능을 결정적으로 바꿔버렸다. 아케이드는 모든 이에게 개방되었지만, 그곳을 통과하거나 머무르는 사람이라면 누구나 상점들에 진열된 상품을 구경하거나 구매해야만 했다. 그곳은 자본주의 시대의 물신이자 '상품들의 신전'이고, 인간의 가치도 노동과 시간을 임금 형태의 화폐적 가치로만 이해한다. 이러한 시대에 가장 극단적으로 사물화된 인간 유형이 '매춘부'라고 벤야민은 『아케이드 프로젝트』에서 말한다. 매춘부는 인간의 노동력이나 시간뿐만 아니라 신체 자체를 상품화하기 때문이다.

도시와 기념물에 대한 기억

벤야민에게 베를린은 특별한 도시였다. 그곳이 단순히 고향이고 유년기의 추억이 깃들어 있기 때문만은 아니다. 베를린은 '장보기의 무대'로서 자본주의적 관계의 본질을 처음으로 가르쳐준 곳이며, 그럼에도 불구하고 도시의 비정함 이면에 감춰진 또 다른 매력을 발견하도록 배려한 곳이기도 했다. '저녁의 불빛 무늬'와 '골목마당', 그리고 '로지아'는 도시 그 자체는 아니지만 도시와 한 인간을 연결해준 독특한 장소였다. 그곳에서 얻은 경험과 배움을 통해 벤야민은 성장하는 자본주의의 상품 세계 속에서도 또 다른 가능성을 숙고할 힘을 기를 수 있었던 것이다.

베를린의 어떤 장소들과 조형물들은 그 자체로 벤야민이 어린 시절을 추억할 수 있는 현실적 공간이자, 다른 시간과 세계의 가능성을 사색할 수 있는 근거였다. 베를린의 중심부에 자리 잡은 티어가르텐 공원에서 그는 미로들 사이를 헤치고 다니며 곳곳에 세워진 동상과 홀연히 나타나는 작은 광장, 연못과 그 주위에 핀 꽃들 사이에서 신화 속의 존재들을 만났고, 카이저 갤러리 안에 있는 파노라마를 보면서 "먼 세상이 언제나 낯선 곳은 아니고, 또한 그곳이 내게 불러일으켰던 동경이 언제나 미지의 세상에 대한 유혹이 아니라 오히려 가끔은 집으로 귀환하고자 하는 부드러운 동경일 수 있다는 점"「1900년경 베를린의 유년시절」, 42쪽을 깨닫기도 했다.

스당의 날(1870~1871년 일어난 보불전쟁에서 프로이센 군이 나폴레옹 3세와 그의 10만 병사를 한꺼번에 포로로 잡은 사건을 기념한 날)은 어린 벤야민에게 매일 한 장씩 뜯는 달력에 빨간색으로 표시된 날짜처럼 보였고, 전승기념탑은 전쟁의 승리를 기념하는, "화려하긴 했지만 그다지 점잖은 것으로 보이지는 않은" 퍼레이드의 상징물로 이해되었다. 퍼레이드를 하는 것 말고는 세기를 넘어 독일인들이 할 수 있는 일은 아무것도 없었을지 모른다. 벤야민은 "스당 전투가 끝난 후에 과연 무슨 일이 일어날 수 있었겠는가? 프랑스인들이 패배한 이후 세계사는 영광스런 무덤 속으로 가라앉은 것처럼 보였으며 이 전승기념탑은 그 무덤 위에 세워진 돌로 된 묘비였다. 그리고 그 무덤으로 '개선로'가 뻗어 있었다"「1900년경 베를린의 유년시절」, 48쪽고 말한다.

마그데부르크 광장에 있던 시장은 한때 최신 유행품을 진열한 상점들로 즐비했으나 일찍 쇠퇴해버렸다. 하지만 그곳은 19세기 초의 '아케이드'에 대한 벤야민의 관심이 연결되는 공간이자, 그가 거주했던 베를린의 화려한 서쪽 풍경과 대비되는 가난한 서민들의 피로가 숨어 있는 장소였다. 그 때문에, 강렬한 나선형으로 흔들리는 육중한 문과 지붕으로 덮힌 홀의 양쪽에 식재료들을 파는 좌판들이 양쪽으로 늘어선 그곳은 "사고판다는 의미의 원래 시장 개념을 연상시키는 이미지" 대신에 더러운 물로 미끄러워진 타일 바닥, 좀처럼 꿈적하지 않는 장사꾼 아낙네들의 한숨, 말 없는 손님들의 활기 없는 흐름으로 기억될 뿐이다. 가장 전형적 '장보기의 무대'인 시장은 가난한 서민들의 장소이며, 그들 삶의 고단함이 고스란히 녹아 있는 공간이다. 물건을 사고파는 거래의 활기는 고급 상점들과 백화점이 즐비한 베를린의 서쪽에만 있었던 것인지도 모른다.

전승기념탑(현재 모습)
1870~1871년 프로이센이 프랑스와 벌인 전쟁에서 승리한 것을 기념하여 1873년 베를린에 세운 전승기념탑이다. 벤야민은 프리드리히 황제 학교 3학년 때 이 전승기념탑의 계단을 처음 밟아보았다. 그때 그는 "훗날 내게도 이 옥외 계단처럼 특별한 계단이 죽 펼쳐질지 모른다는 예감"을 했다. 나중에 벤야민의 '특별한 계단'은 우울한 시대와 투쟁하는 지식인의 삶이라는 형태로 만들어진다.

3. 나폴리와 모스크바,
길 찾기와 길 잃기 사이에서 발견한 것들

고향인 베를린이 '장보기의 무대'로서 벤야민에게 자본주의와 도시의 본질에 접근할 수 있는 중요한 단초를 제공했다면, 낯선 도시로의 여행은 그의 사유가 확장되고 구체화되는 데 핵심적인 역할을 담당했다. 여행의 출발은 여행지의 풍경을 담은 그림엽서들로부터 시작된다.

할머니가 여행지에서 보내온 이국적인 풍경을 담은 엽서들은 어린 벤야민에게 새로운 세계에 대한 꿈과 동경을 함께 가져다주었고, 본인이 직접 낯선 도시를 여행함으로써 배운 다른 삶과 역사는 훗날 그의 사상과 방법론을 구성하는 데 지대한 영향을 끼쳤다. 어느 시인의 수사를 빌리자면, 벤야민을 키운 것은 8할이 낯선 도시로의 여행이었던 셈이다.

지도를 찢다

베를린에서 유년기를 보내는 동안 벤야민은 이미 자신의 "방향감 각이 형편없다는 것"을 알았고, 지도의 사용법을 익히기까지 30년이 나 걸렸다고 고백한다. 하지만 그는 자신의 치명적 약점을 고유한 무 기로 바꿔버렸고, 힘들여 익힌 실용적 지식을 또 한순간에 던져버렸 다. 길을 잃고 헤매는 일은 타고난 결점 같아 보였지만, 그는 여행에 서 심하게 방해가 될 수도 있는 이런 결점을 낯선 도시를 배우는 하 나의 독특한 방법, 즉 '길을 잃고 헤매기'의 기술로 바꿔냈다. 그런가 하면 애써 익힌 지도 사용법은 쓸모없는 것으로 만들어버렸다.

쓸모없는 것을 유용한 것으로 바꾸거나, 아무리 중요해도 자신에 게 필요 없다면 미련 없이 던져버리는 그의 공부법은 무엇보다 자신 의 무력함을 극복하려는 와중에 나왔다는 점에서 눈여겨볼 만하다.

> 아마도 어떤 일에서든 무력함이 무엇인지 경험해보지 못한 사람 은 그 일에서 결코 장인이 되지 못할 것이다. 이 말에 수긍한다 면 그러한 무력함이 처음에, 혹은 노력을 시작하기 이전이 아니 라 그러한 노력의 와중에 생긴다는 점 또한 이해할 것이다. 유년 시절의 끝 무렵부터 대학 시절의 초기에 걸친 시기인 내 삶의 중 간에 나는 베를린과 그러한 관계에 놓였던 것 같다.
>
> ──『베를린 연대기』, 157쪽

벤야민은 '무력함'이라고 완곡하게 표현하고 있지만, 그것은 '불화'의 감정에 가깝다. 익숙한 것을 익숙한 그대로의 방식으로 받아들이는 것과 불화하는 것, 익숙한 것을 새롭게 만드는 방법을 고민하는 것, 그것을 위해 자신의 신체를 독특한 방법으로 '연습'하는 것, 이런 것들이 벤야민이 도시를 여행하는 법이고 나아가 그만의 독특한 공부법 전체이기도 하다.

벤야민이 여행을 통해 무엇인가를 배운다고 했을 때, 그것은 단순히 이전에 경험하지 못했던 낯선 풍물과 역사, 문화 등을 새롭게 익히는 데만 머물지 않았다. 그만의 특별한 '방법'이 남들과 다른 것을 여행지에서 발견하도록 했기 때문이다.

어떤 도시에서 길을 잘 모른다는 것은 별일이 아니다. 그러나 그
곳에서 마치 숲에서 길을 잃듯이 헤매는 것은 훈련을 필요로 한
다. 헤매는 사람에게 거리의 이름들이 마치 마른 잔가지들이 뚝
부러지는 소리처럼 들려오고, 움푹 패인 산의 분지처럼 시내의
골목들이 그에게 하루의 시간 변화를 분명히 알려줄 정도가 되
어야 도시를 헤맨다고 말할 수 있다. 이러한 기술을 나는 늦게
배웠다. 그 기술은 내 공책들 압지 위에 그려진 미로들에 처음으
로 흔적을 남긴 어떤 꿈을 실현시켜주었다.

—『1900년경 베를린의 유년시절』, 35~36쪽

낯선 곳을 여행할 때 우리가 반드시 챙기는 것은 그곳의 지형지물과 길들이 표시되어 있는 지도이다. 길을 잃지 않기 위해서다. 지도는 낯선 사물과 생소한 길을 우리에게 친숙한 방식으로 제시해준다. 하지만 벤야민에게 "어떤 도시에서 길을 잘 모른다는 것은 별일이 아니다." 낯선 곳이기 때문이다. 오히려 길을 잃고 헤매는 것이야말로 낯선 장소에서만 가능한 색다른 경험이며, 그것을 통해 애초에 의도하지 않았던 많은 사물과 역사, 그곳에 사는 사람들의 진짜 삶을 만날 수도 있기 때문이다. 그러므로 그에게는 여행지의 지도가 아니라 낯선 것을 최대한 낯선 것으로 받아들일 수 있도록 잘 헤매는 기술이 절실히 필요했다.

이런 까닭에 그는 낯선 도시에서는 '마치 숲에서 길을 잃듯이 헤매는 것은 훈련이 필요하다'고 말한다. 그 훈련은 낯선 거리의 이름들이 숲 속에 있는 나뭇가지가 부러질 때 나는 소리처럼 아무렇지도 않고 평범하게 들릴 때까지, 또 낯선 도시의 골목 안 건물들이 그려내는 그림자 길이와 사람들의 움직임에서 하루의 시간 변화를 알 수 있을 때까지 반복해서 계속되어야 한다. 도시에서 도시를 망각하기 위해, 도시를 낯선 것으로 바꿔내기 위해 그는 도시와 가장 멀리 떨어져 있는 자연의 이미지를 데려온다. 왜냐하면 도시란 어쩌면 그 이름과 공간의 다름만 있을 뿐, 대체로 비슷한 환경으로 구성되어 있기 때문이다. 밀집된 건물들, 차들이 오가는 도로들, 역과 호텔, 식당, 그리고 유명한 몇몇 관광지들. 이 모든 것은 대체로 그 도시를 선전하는 지도에 친절하게 표시되어 있다. 따라서 지도에 의지하는 여행이란 그런 표시들을 눈으로 확인하는 과정, 틀에 박힌 관광이나 다름없다. 우리가 낯선 도시를 여행할 때도 대체로 이와 같은 방식에서 크게 벗어나지 않는다. 우리는 지도나 여행 안내 책자에 의지해서 그 장소에 다녀왔다는 사실을 증명하기 위해 사진을 찍거나 기념품을 사 모은다. 또 여행 가이드의 제안에 따라 맛집을 순례하고 쾌적한 숙소를 찾는다. 이런 여행자들에게 대부분의 도시는 자기 속살을 좀처럼 내비치지 않는다.

벤야민은 이 익숙한 여행 방식을 거부하고 자신만의 새로운 여행 방법을 만들어낸다. 지도에 표시되어 있는 것들의 이면과 바깥에서 그 낯선 도시의 진짜 모습, 그 안에 숨어 있는 과거와 현재의 진면목을 스스로 발견하고 싶었기 때문이다. 그것은 단순히 우연의 힘에만 기댈 수 없는, '훈련'이 필요한 일이다. 그곳이 도시라는 사실을 잊을 때까지, 마치 숲에서 길을 잃듯 도시를 헤매는 기술을 습득한 사람에게만 낯선 도시는 자신의 진짜 얼굴을—하지만, 아주 잠깐 동안만—드러낸다.

낯선 도시와 만나는 벤야민 특유의 방식은 단순히 지도 없는 여행 속에만 있지 않았다. 다시 말해 그의 글쓰기 속에서도 이런 방식은 곧잘 확인되는데, 대표적으로 교수자격논문인 『독일 비애극의 원천』의 방법론과 훗날 『아케이드 프로젝트』의 방법론을 구상할 때도 영향을 끼쳤던 것으로 보인다.

우리가 다루게 될 영역에서 인식은 오직 번개의 섬광처럼 이루
어진다. 텍스트는 그런 후에 길게 이어지는 천둥소리 같다.
— 『아케이드 프로젝트 I』, N 1, 1

다른 사람들에게는 항로로부터의 일탈인 것이 내게는 나의 항
로를 결정하기 위한 자료가 된다. —나는 다른 사람들에게는 탐
구의 '기본 경로'를 교란시킬 뿐인 시간의 미분소를 나의 계산의
근거로 삼는다.　　　　　　　　　　　 — 『아케이드 프로젝트 I』, N 1, 2

　지도 없이 낯선 도시를 헤매는 방식을 통해 그 도시의 진짜 얼굴
과 만나고자 했던 것처럼, 벤야민은 글을 쓸 때도 기존의 형식들을
자주 파괴하곤 했다. 그에게 중요했던 것은 자신이 갖고 있는 문제
식이 가장 잘 드러나고 표현될 수 있는 방식이지, 기존의 글쓰기 장
르나 분야에서 요구하는 일반적인 글쓰기의 문법은 아니었다. 이를
테면 가장 엄밀한 글쓰기의 형식을 요구받는 논문 작성에서도 파격
적이었다. 교수자격취득논문으로 쓴 『독일 비애극의 원천』은 논문적
글쓰기의 도식을 따르지 않은 채, 학문적 글쓰기에 잠재되어 있는 학
자들의 인식론적인 구태의연함에 문제 제기하는 데서 시작한다. 그
것은 모든 사람들이 주목할 만한, 혹은 연구 가치가 있는 작품들에
서 비껴서 있었다. 그는 동시대 연구자들에게 하찮고 사소하게 여겨
졌던 독일 바로크 시대의 비애극을 재료로 삼아, 바로크 시대 전체와

자신의 당대를 새롭게 볼 수 있는 시각을 제시하고자 했다. 하지만 논문이 지닌 잠재적 가치와 사상의 획기성에도 불구하고 그를 교수로 채용하겠다는 독일의 대학은 없었다.

『아케이드 프로젝트』에서 그는, 다른 사람들에게는 '항로로부터 일탈', 즉 기존 글쓰기의 문법에서 벗어나는 방식이 자신에게는 '항로를 결정하기 위한 자료'가 된다고 말한다. 일반적인 경우라면 한 편의 글 전체를 관통하는 연구 방법론 혹은 연구 대상을 향한 연구자의 일관된 인식론적 방법이 벤야민에게는 '번개의 섬광'과 같은 방식으로 제기된다. 번개의 섬광처럼 이루어지는 인식이란, 사람들이 현실의 맨얼굴을 발견하며 자신들이 살고 있는 세계가 어떤 곳인지를 깨닫고서 그것을 바꾸기 위한 실천에 나서는 각성의 계기를 의미한다. 이런 까닭에 역사유물론의 기본 개념은 진보 혹은 진보의 도식이 아니라 현실성을 불러일으키는 것이 된다.

나폴리, 숨 쉬는 구멍들

지도 없이 길 찾기, 길 헤매는 훈련하기. 이 독창적 여행법은 벤야민의 나이 서른세 살 때인 1924년 여름, 이탈리아의 카프리 섬에 머물 때 썼던 나폴리에 관한 에세이에서도 발견된다. 나폴리는 지도가 무용지물인 도시였다. 그곳에는 잘 닦여진 도로 대신에 수천 년 동안 자연스럽게 만들어지고 변형되어온 미로와 같은 작은 골목들이 계통 없이 펼쳐져 있고, 거리의 경계가 모호하게 건물들이 자리 잡고 있으며, 특징적인 랜드마크나 이정표도 없었다. 또한 그곳에선 대도시의 삶을 조직하는 시공간적 구조의 원칙이 통하지 않았고, 현대 사회의 정치·경제적 조직은 초보 단계에 머물러 있었다. 그래서 나폴리는 "'전통적', '공동체적', '전근대적'이라고 표현될 수 있는 경험의 장소"였다.『빌터 벤야민과 메트로폴리스』, 74쪽

　나폴리가 어떤 도시인지에 대해 벤야민은 하나의 인상적인 사건에 대한 묘사로부터 이야기를 시작한다. 한 무리가 어떤 신부를 뒤따라가면서 손가락질하며 욕을 하고 있다. 그 신부는 신분에 어울리지 않게 음탕한 사건에 연루되었다는 혐의를 받고 사람들에게 조리돌림을 당하는 중이다. 그때 막 결혼한 한 쌍의 부부를 앞세운 행렬이 그 옆을 지나간다. 신부가 그 부부를 축복하자, 그때까지 신부를 향해 손가락질하던 군중은 약속이나 한 듯이 신부의 발아래 무릎을 꿇고 함께 성호를 긋는다. 결혼식 행렬이 지나가자 신부와 군중은 다시 조금 전의 상황으로 되돌아간다. 이 기이한 장면이 아무렇지도 않게 펼쳐지는 곳, 그곳이 바로 나폴리였다.

　하나의 고정된 이미지가 아니라 그 안에 다양한 이미지가 마구 뒤섞여 있는 도시, "유명한 생수를 제외하고는 즐길 만한 것이라곤 아무것도 없는"「Naples」, p. 164 그런 시시한 도시에 벤야민은 호기심을 느꼈다. 사실 나폴리에는 폼페이라는 유명한 유적지가 있어서 관광

객들의 발길을 잡아끌며 끊임없이 경탄을 자아내곤 하지만, 나폴리 사람들에게는 그 유적이 그저 생활공간에 배경이 되는 일상적 풍경일 뿐이다.

가난하고 오래된 도시, 가까운 곳에 위치한 고대 폼페이의 유적이 아니라면 외지인의 발길도 드문, 하늘과 바다를 제외하곤 온통 회색빛인 이 특징 없는 도시 나폴리에서 벤야민이 발견한 것은 얼핏 아무 의미도 없는 듯한 대단히 사소한 하나의 사물인 '구멍이 숭숭 뚫린 돌멩이'였다.

> 이 구멍 많은 돌이 건축물이다. 마당, 아케이드, 그리고 계단실 안에 이것들은 스며들어 있다. 나폴리 사람들은 모든 것들 속에 새롭고 우연한 별자리의 극장이 될 여지를 보존한다. 명확한 특징은 회피되고, 의도적으로 고정된 상태도 없으며, '다른 것이 아닌 이것'만을 주장하는 형상도 없다.
>
> ─「Naples」, p. 165~166

돌에 있는 수많은 구멍들, 그 안에는 다양하고 이질적인 것들이 서로 드나들고 스며들 수 있는 가능성이 내포되어 있다. 구멍은 내부와 외부의 경계를 구분 짓지 않고 불명확하게 만드는데, 이러한 '다공성'의 특성은 나폴리의 건축물뿐만 아니라 그곳에 살고 있는 사람들의 생활양식도 지배하고 있다. 정확하게 구획된 도로와 기능별로

좀머 조르지오(Sommer Giorgio)가 찍은 1910년대 나폴리 전경(위)과 폼페이 유적(아래)
일반적으로 교역의 장소인 항구도시의 정돈된 도로와 달리, 나폴리는 멀리 산중턱까지 빼곡히
들어찬 허름한 주택들 사이를 가르는 골목이 복잡한 미로처럼 사방팔방으로 펼쳐진다. 과거 영
광의 흔적인 폼페이 유적지를 보면서 나폴리 사람들은 어떤 상념에 잠겼을까.

정리·배치되어 있는 건물들이 도시의 일반적인 모습이라면, 나폴리의 '다공성'은 그것과는 전혀 다른, 인간과 자연, 세속적인 것과 성스러운 것들이 뒤섞이고 함께 모여 있는 독특한 분위기를 만들어내고 있다. 도시적인 내밀함과 사적인 그 무엇이 나폴리에는 없었다. 이 때문에 나폴리에서는 세속적인 건물들로부터 교회 공간을 명확하게 분리해내는 일도 가능하지 않다. 나폴리 사람들은 "한 발짝만 옮기면 더러운 안마당의 혼란에서 흰색의 높다랗고 순수한 고독의 교회 안으로 들어갈 수 있다."「Naples」, p. 166

구멍이 숭숭 뚫린 그곳의 사생활은 쉽게 해체되고 혼합된다. 그리고 각자의 사생활 속으로 공동생활이 침투한다.

> 의자와 화로와 제단과 함께 거실이 거리 위에 재출현하듯 그렇게, 아니 더 시끄럽게 거리는 거실 안으로 이동한다. 심지어 가장 가난한 사람이 양초와 비스킷으로 만든 성인, 사진들이 걸려 있는 벽과 철제 침대에 둘러싸이듯, 거리는 수레와 사람들과 불빛에 둘러싸인다. 가난은 가장 빛나는 생각의 자유 속에서 자신의 한계를 넓혀왔다. 거기에는 먹고 잘 시간도 공간도 없다.
>
> — 「Naples」, p. 171

나폴리 사람들의 침실에는 수용할 수 있는 한 침대들이 최대한 많이 들어와 있다. 여기서 그 집의 식구들뿐만 아니라 이런저런 객

식구들도 같이 잠을 잔다. 이런 이유로 아이들은 한밤중까지 길거리에 있다. 대낮이 되면 어른들은 가게의 구석 자리나 계단 뒤에서 눈을 붙인다. "여기에는 밤과 낮, 소란과 평화, 외부의 빛과 내부의 어둠, 길과 집이 상호 침투해 있다."^{같은 글, 172쪽} 오래되고 가난한 나폴리의 풍경은 한층 발달된 북부 유럽의 어느 도시에서도 발견할 수 없는 아주 다른 모습을 만들어낸다. 공적인 공간과 사적인 공간의 분리가 뚜렷하게 이루어지지 않은 그곳에서 거실과 거리는 서로의 공간에 끊임없이 침입한다.

건축물과 공간의 '다공성'이 만들어내는 '상호 침투'의 성격은 사물들의 자리와 성격은 물론이고 사람들 간의 관계 또한 도시적인 내밀함보다는 공동체적인 친밀함으로 연결시킨다. 이를테면 한 집안의 가장이 죽거나 어머니한테 문제가 생기더라도, 남겨진 아이들을 위해 먼 친척을 찾을 필요가 없다. 이웃들이 길게 혹은 짧게 아이들을 자기 집에 데리고 있는데, 이러한 관계의 상호 침투는 일종의 '입양'과도 같다.

나폴리 여행을 통해 벤야민은 베를린을 포함해서 자신이 알고 있던 그 어떤 서구의 대도시에서도 발견할 수 없는 독특한 형태의 도시를 경험했다. 시장이 있고, 사람들 사이에 크고 작은 거래가 이루어지고 있으며, 관광산업이 활발하고, 도박이 시민들 사이에 일상적인 취미의 하나로 자리 잡고 있다는 점에서 그곳은 도시가 분명하다. 하지만 나폴리에는 일반적 의미의 도시적 성격, 즉 휴식과 노동을 구분하는 근대적 시간 의식이라든지 일상이 이루지는 사생활 공간과 공적 공간의 구분 등이 확연하지 않고, 세속적인 것과 성스러운 것의 구획도 불명료한 채로 남아 있다. 벤야민은 그것을 나폴리라는 도시가 지닌 물질적 특성, 즉 '다공성'이 강한 돌로 지어진 건물들과 그것에서 비롯된 '상호 침투'의 성격이 시공간뿐 아니라 사람들의 공적 사적 삶에도 영향을 끼쳤다고 보았다.

비근대적인 도시로서 나폴리가 지닌 '다공성'과 '상호 침투성'은 그곳에 사는 사람들의 삶을 공동체적인 것에 가깝게 조직했다. 사적 공간과 은밀한 사생활이 외부를 향해 자연스럽게 열려 있는 그곳의 삶은 침실을 공유하고 고아들을 함께 키우는 방식의 상호부조에서도 드러난다. 나폴리는 가난하고 볼품없는 도시였지만, 벤야민은 그곳에서 자본주의가 만들어낸 거대도시에서는 찾아볼 수 없는 다른 가능성의 삶, 즉 공동체적인 삶의 긍정성과 의미를 발견했다. 이런 발견과 인식이 가능했던 데는 벤야민 자신의 문제의식과 눈 밝음 외에도 아샤 라시스라고 하는 인물의 역할도 크게 작용했다. 카프리행이 벤야민에게 끼친 가장 큰 영향을 아샤 라시스와의 만남이라고 해도 좋을 만큼, 공산주의자였던 그녀와의 만남 이후 벤야민은 마르크스 사상에 더욱 진지하게 접근하게 된다. 에세이 「나폴리」는 발터 벤야민과 아샤 라시스의 공동 저작이다.

나폴리가 벤야민으로 하여금 공동체적인 삶의 기미를 눈치채게 한 공간이었다면, 푸리에(1772~1837, 프랑스의 공상적 사회주의자)의 팔랑

벤야민이 사랑한 여인, 아샤 라시스
아샤 라시스는 벤야민에게 마르크스 사상의 단초를 제공했다. 벤야
민은 그녀에게 매우 파격적 형식의 글쓰기로 집필한 『일방통행로』를
헌정했는데, 책의 앞부분에 "이 거리는 엔지니어로 작가 속에서 이
거리를 뚫은 아샤 라시스의 이름을 따 아샤 라시스 거리로 불린다"라
는 문구를 적어 놓았다.

스테르(푸리에가 기획했던 소생산 공동 소비 지향의 협동생활 공간)는 반反근대(혹은 반자본주의)적인 공동체적 삶의 공간과 방식의 가능성을 고민하게 만든 이론적 학습의 제공처였다. 『아케이드 프로젝트』를 위한 두 가지 버전의 개요(벤야민은 첫 번째 개요를 1935년에 썼고, 이것을 수정하여 1939년에 다시 발표했다)에서 벤야민은 장사의 목적으로 지어진 아케이드를 주거 공간으로 바꾸어낸 푸리에의 실험에 주목했다. 19세기 초반에 철골과 유리를 재료로 지어진 아케이드가 사치품 거래의 중심지이자 백화점의 전신으로 기능했다면, 푸리에의 팔랑스테르는 시장으로서의 아케이드를 주거의 공간으로 전유한 코뮌적 실험의 공간이었다.

19세기 초반 프랑스의 사회주의자 중 한 명인 푸리에는 "팔랑스테르를 통해 인간들을 도덕이 필요 없는 관계들로 되돌려 놓으려는" 「파리 – 19세기의 수도(1935년 개요)」, 94쪽 시도를 했다. 벤야민이 푸리에에게서 발견한 것은 '관계의 재배치'였다. 노동 또는 상품을 중심으로 했을 때 그것은 '생산관계의 재배치'가 되고, 이성 관계나 출산 문제를 중심으로 했을 때 그것은 '성적 관계의 재배치'가 되며, 세대 또는 연령을 중심으로 했을 때는 소년·소녀단과 같은 특수 임무를 수행하는 집단의 창출과 연결된다. 자본주의 사회에서 만들어지는 주체의 고정된 역할이 푸리에의 팔랑스테르에서는 '정념'(passion)을 중심으로 매번 다른 관계를 창출하는 비고정적인 위치로 바뀐다. 거대한 팔랑스테르의 주거 공간 속에서 가족과 사생활, 내부와 외부의 구분은 무의미

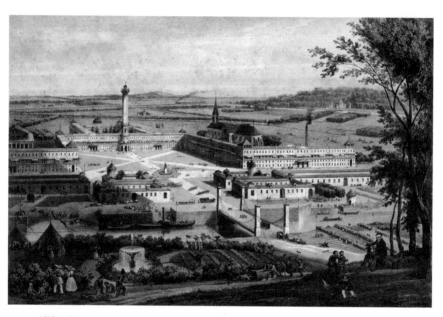

팔랑스테르

"푸리에가 꿈꾼 사회는 미덕에 기반한 사회가 아니라 정념을 원동력으로 효율적으로 기능하는 사회였다. 모든 정념이 톱니바퀴 장치처럼 맞물리는 것, 기계 정념과 음모 정념의 착종된 결합을 통해 푸리에는 집단 심리를 마치 시계 장치처럼 생각했다. 푸리에가 말하는 조화 사회는 이처럼 톱니바퀴처럼 돌아가는 운동의 필연적 산물이다."(「파리─19세기의 수도(1939년 개요)」, 118쪽)

하다. 공동으로 생활하고 아이들을 양육하며, 삶에 필요한 재료를 함께 생산하고 소비하고자 했던 푸리에의 상상력은, 벤야민이 자본주의적 관계를 비판하고 다른 가능성을 모색하는 데 중요한 참조점이 될 만했다.

모스크바, 어린아이의 걸음걸이가 가르쳐준 것

도시에서 도시가 아닌 것, 혹은 그 도시만이 갖는 특별한 성격을 배우기 위해 벤야민은 길을 헤매는 훈련을 포기하지 않았다. 이렇게 끊임없이 길을 헤매는 시도는 나폴리를 다녀온 뒤, 그가 여행한 모든 도시에 관한 이야기 속에서 공통적으로 발견된다. 「나폴리」를 쓴 지 2년 뒤, 1926년 겨울 벤야민은 모스크바에 체류하고 있던 연인 아샤 라시스를 만나기 위해 러시아로 떠난다. 그리고 그곳에서 다시 한 번 자신의 '길 헤매기' 방법을 연습할 기회를 갖는다.

가능한 한 여러 차원의 경험을 해보고 나서야 비로소 우리는 한 장소에 대해 알게 된다. 한 장소를 파악하기 위해선 우린 사방에 서 그 장소를 향해, 또한 그 장소로부터 동서남북 사방으로 다시 가보아야 한다. 그러지 않으면 그 장소는 우리가 파악하기도 전에 전혀 예상치 못한 길을 통해 서너 번은 우리에게 달려든다.

한 단계 더 나아가면 우리는 그 장소를 방향을 찾는 기준으로 활
용한다.　　　　　　　　　　　　—『발터 벤야민의 모스크바 일기』, 64쪽

　　낯선 도시에서 길을 헤매는 연습은 모스크바에서 한 장소를 여러
차원에서 경험해보는 것으로 구체화된다. 목표 없이 무작정 여기저
기를 산만하게 헤매는 것이 아니라, 사방에서 그 장소를 향해, 또 그
장소로부터 사방으로 나가보는 연습을 통해서 여행자는 그 도시에
대해 더 잘 배우게 된다. 벤야민은 여기에다 모스크바의 기후적 특성
과 도로 사정을 염두에 둔, 좀 더 특별한 방법을 개입시킨다. 그는 말
한다. "처음엔 온통 눈밖에 보이지 않는다. (⋯) 이곳에 도착하면 곧
걸음마를 배우는 아이의 단계가 시작된다. 거리에 두껍게 얼어붙은
눈 위에서 걸어가는 걸 새로 배워야 하기 때문이다."같은 책, 276쪽
　　모스크바의 날씨와 도로 상태는 이 도시에 낯선 여행자에게 걸음
걸이부터 새로 배울 것을 요구한다. 조심스럽게 뒤뚱거리며 아슬아
슬하게, 때로는 미끄러지고 넘어지며 걸음마를 배우는 아이의 단계
를 거치지 않고서는 이 도시의 거리를 걸어 다닐 수 없다. 하지만 성
인이 된 사람이 다시 어린아이가 되는 것은 불가능하다. 어린 시절의
배움을 기억해내고 어린아이의 동작을 모방하는 것만이 그가 할 수
있는 최선의 길이다.
　　모스크바를 배우기 위해 어린아이의 걸음걸이를 모방하는 식의
극단적인 시도는 적어도 두 가지 차원에서 그 이유를 찾을 수 있는

데, 하나는 유럽의 어느 도시에서도 경험할 수 없는 혹한의 기후 속에서 만들어진 모스크바 사람들의 삶과 문화를 이해하기 위해서다. 벤야민의 말을 빌리자면, "눈 속에 묻힌 모스크바를 알지 못하는 사람은 이 도시를 모르는 사람이다." 그리고 "모스크바에서의 삶은 겨울에 한 차원 더 풍요로워진다." 따라서 평범한 여행자의 평상시 걸음걸이와 시선으로는 진짜 모스크바를 발견할 수 없다는 것이다. 다른 하나는 모스크바가 사회주의혁명이 성공한 소비에트의 수도라는 것. 그것은 국민국가가 완수되고 시장자본주의가 활발하게 작동하던, 곧 '장보기의 무대'인 베를린과 같은 도시와는 전혀 다른 정치적이고 사회·문화적인 맥락이 작동하는 곳이 모스크바라는 점에 있다.

> 모든 생각들, 모든 일상과 모든 삶들이 여기서는 실험실 탁자 위에 놓여 있다. 그러고는 마치 모든 수단을 동원해 알려지지 않은 물질을 추출해야 하는 금속이라도 되는 양 그것들은 완전히 소진될 때까지 실험의 대상이 되어야 한다. (…) 직장인들은 직장에서, 관청들은 건물에서, 가구들은 집에서 새로 조직되고 다른 곳으로 옮겨지고 다시 제자리로 돌려보내진다. (…) 하루하루 지침들이 바뀌고, 전차 정류장도 이곳저곳으로 방황하며, 가게는 레스토랑이 되었다가 몇 주 후엔 사무실이 된다. (…) 이 지배적 열정 속에는 무엇인가 더 나은 것을 이루어보려는 순진한 의지뿐 아니라, 정박할 줄 모르는 호기심과 도박과도 같은 심리가 숨어

있다. 오늘날 러시아를 이보다 더 강하게 규정하는 것은 없다고
말할 수 있을 정도다.

—『발터 벤야민의 모스크바 일기』, 286~287쪽

　모스크바는 소비에트의 이념이 가장 대표적으로 구현되는 장소
이다. 벤야민이 보기에 그것은 지칠 줄 모르는 '실험' 속에서 가장 확
실하게 드러난다. 직장과 관청과 가정에서 모든 것은 새롭게 조직
되고 다른 곳으로 옮겨지며 새로운 관계의 배치가 실험된다. 더 나
은 것을 이루려는 의지와 새로운 것에 대한 도박 심리에 가까운 호
기심이 끊임없는 실험의 동력이다. 고정된 개인과 집단의 정체성, 그
리고 한곳에 정박해 있는 사물의 용도와 배치를 바꿈으로써 쉼 없이
새롭게 변화하고자 한 소비에트의 실험은 벤야민에게 대단히 인상적
인 것이었다. 그가 이 점을 의식적으로 염두에 두었는지는 밝혀지지
않았지만, 만일 소비에트의 실험에서 보고 배운 바가 없었다면, 다양
한 자료들에서 자르고 채취한 인용문들을 하나의 책 속에 새롭게 배
치하는 『아케이드 프로젝트』의 구상은 불가능했을지도 모른다. 그는
모스크바에서 이루어지는 모든 활동을 주의 깊게 살펴보면서 보통의
여행자 눈에는 보이지 않았을 것들을 하나씩 발견해 나갔다.
　벤야민은 소비에트적인 것을 찬양하는 데만 지면을 할애하지는
않았다. 그의 눈에 비친 1920년대 중반 스탈린 체제하의 소비에트에
서는 이미 노동과 노동자들에 대한 과학적 관리를 표방하는 테일러

주의와 상품의 대량생산을 목표로 하는 포드주의적 방식이 은밀하게 스며들어 있으며, 세관이나 은행에서 확인할 수 있는 비효율적 업무 처리 방식이나 일반인들의 만성적 가난이 부정적인 요소로 자리 잡고 있다는 사실도 놓치지 않았다. 무엇 하나라도 이루어지기 위해서는 귀찮을 정도로 많은 회의가 열리고, 언제나 승객들로 넘쳐나는 불친절한 전차를 타는 일은 모험에 가까우며, 좁은 인도에는 늘 사람들로 넘쳐난다는 것 또한 모르지 않았다.

모스크바에서 벤야민이 겪은 일화 한 가지. 어느 날 그는 묵고 있는 호텔의 종업원에게 이튿날 아침 일찍 깨워줄 것을 부탁했다. 더 정확하게는 라시스의 동료인 라이히를 통해서. 그런데 "그(호텔 종업원—옮긴이)와 라이히 사이에선 '깨우다'라는 주제를 둘러싸고 셰익스피어에나 등장할 법한 대화가 이어졌다"「발터 벤야민의 모스크바 일기」, 100쪽 다른 나라의 호텔에서라면 아무 문제가 없었을 고객의 모닝콜 요청에 대해 모스크바의 호텔 종업원은 이렇게 대꾸했다. "우리가 그것을 생각한다면 깨워드릴 것입니다. 하지만 우리가 그것을 생각하지 못한다면 깨워드리지 못할 것입니다. 대부분의 경우 그걸 생각하기 때문에 깨워드립니다만, 우리가 그것에 대해 생각하지 못하면 가끔 잊기도 합니다. 그러면 깨워드리지 못합니다. 깨워드리는 게 의무는 아니지만 우리에게 제때 생각이 떠오른다면 깨워드리겠습니다. 언제 깨워드려야 하지요? 7시라고 하셨나요? 그러면 그걸 써놓겠습니다. 보시다시피 쪽지를 여기 붙여 놓습니다. 그런데 이 쪽지를 볼 수 있을까

요? 물론 이 쪽지를 못 본다면 깨워드리지 못할 겁니다. 하지만 대부분은 물론 깨워드리지요."같은 책, 100~101쪽 이와 같은 어이없는 장광설을 늘어놓은 뒤 '어쩌면 당연하게도' 호텔 측은 벤야민 일행을 깨워주지 않았고, 그들의 무책임에 항의하는 일행에게 "손님들께선 벌써 일어나 계십니다. 저희가 누굴 더 깨워야 한단 말입니까?"라고 꿋꿋이 대꾸했다. 이런 궤변론자들이 그 호텔에는 꽤 많은 것 같다고 벤야민은 말한다. 이것은 소비에트 모스크바인들의 일반적인 이미지 자체는 아니만, 적어도 그 땅에서 오래 살아온 사람들에겐 제법 익숙한 모습일 수도 있다. 벤야민의 표현을 빌리자면 "시간을 사용하는 데 있어서 러시아인들은 최후까지 '아시아적'으로 남아 있다"같은 책, 292쪽 당시 소비에트 러시아만큼 시계공이 많은 나라도 드물었지만, 또한 그 나라 사람들만큼 시계적 시간표 혹은 타인과의 약속에 무감한 사람들도 찾아보기 힘들었다.

벤야민의 눈에 비친 모스크바 모습은 그곳의 관료들이 외부인들에게 선전하는 내용과는 딴판이었다. 그곳의 경제, "러시아의 국가자본주의(벤야민은 독일의 국가사회주의와 소비에트의 국가자본주의가 대쌍적 위치에 있다고 본다)는 인플레이션 시대의 특성들을 유지하고 있다."같은 책, 162쪽 그것은 국가의 이익을 중심에 둔 NEP(the New Economic Policy : 1921년부터 1928년까지 시행된 소비에트의 신경제정책)를 통해 국내 산업에 대한 국가의 투자를 생필품으로만 제한하거나, 생필품 및 식량에 대한 배급표를 통해 인민을 통제하는 식으로 진행되었다.

이런 모습은 벤야민의 눈에 소비에트적 이상과 실험 그리고 혁명기의 활기를 포기한, 무척 모순적인 것으로 비쳐졌다. 그는 소비에트 러시아가 외부적으로는 서구의 여러 제국주의 국가들과 무역협정을 맺기 위해 평화 무드를 조성하는 반면, 내부적으로는 공산주의와 계급 이념을 관철하며 시민들의 삶을 가급적 '탈정치화' 시키기 위해 분투하고 있다고 말한다. 이를테면 '파이어니어 연맹'과 '콤소몰'을 통해 젊은이들은 '혁명적으로' 키워지고 있지만, "그 젊은이들에게 혁명적인 것이 경험이 아닌 구호로 다가가고 있다는 것이다. 이는 혁명 과정의 역동성을 국가적 삶 속에선 꺼 놓으려는 시도"였다.『발터 벤야민의 모스크바 일기』, 128쪽

벤야민은 유럽의 사회주의자들이 소비에트에 가졌던 동경이나 모스크바 관료들의 체제에 대한 선전, 혹은 소비에트 체제에 대한 서구 자유주의자들의 비판에서 벗어나 자신의 경험에 기반하여 모스크바를 보고자 했다. "지구 절반의 적대 세력에 대항해 새로운 지배 질서를 수립했다"는 모스크바인들의 자부심에도 불구하고, 그는 이 도시 곳곳에서 반세기 이상 후에나 벌어질 붕괴의 조짐을 읽어낸다. 그리고 조심스럽게 전망한다. "유럽 식의 권력과 돈의 상응 관계가 러시아에 침투한다면, 이 나라나 당은 아닐지 몰라도 러시아 코뮤니즘은 패배하게 될 것이다."같은 책, 301쪽

그렇지만 소비에트를 지탱하는 가장 큰 미덕이 생산수단과 생산의 결과물을 비롯하여 소비에트가 소유한 모든 것을 인민이 '공유'하

위 : 소련의 선전 포스터. 왼쪽은 NEP(1930), 오른쪽은 콤소몰(1933)을 선전하는 포스터
아래 : 모스크바 역사박물관 전경(2010)

1926년 12월부터 1927년 1월까지 벤야민은 NEP로 급변기를 겪는 모스크바를 여행했다. 그는 길 헤매기의 방식으로 이 도시의 진짜 모습을 관찰하며 소비에트 러시아에 무작정 장밋빛 미래가 펼쳐질 것이라고 예상하지 않았다. 그럼에도 모스크바 역사박물관을 관람하는 사람들을 보면서 소비에트 사회의 장점과 미덕도 놓치지 않았다.

는 점에 있다는 것도 벤야민은 놓치지 않았다.

주의력이 있는 사람이라면 꽤 오래전부터, 아직까지 해결되지 않
은 저 아이들의 온갖 비참한 모습들 속에서도 한 가지 사실을 감
지했을 것이다. 곧 해방된 프롤레타리아의 자신감이 아이들의
저 자유분방한 태도와 서로 호응한다는 사실이다. 모스크바의
박물관을 관람할 때 무엇보다 놀랍고 아름다운 모습은 단체로,
때론 가이드 한 명을 둘러싸고, 아니면 혼자서 아이들과 노동자
들이 아무 거리낌 없이 그곳을 활보하고 다니는 모습이다. 우리
의 박물관에서라면 다른 방문객들에게 감히 드러내지 못할, 아니
아예 박물관에 들어올 수도 없는 프롤레타리아트들의 절망적인
의기소침함을 여기선 결코 찾아볼 수 없다.

— 『발터 벤야민의 모스크바 일기』, 283쪽

어느 날 모스크바의 박물관에서 벤야민이 발견한 해방된 프롤레
타리아의 자신감과 아이들의 자유분방함은 소비에트적 이념이 생산
수단과 생산물의 소유 형태를 어떻게 바꿔냈는지 보여주는, 사소하
지만 의미 있는 사례이다. 이전 시대 지배층의 독점적 소유물이자 서
구 자본주의 사회에서는 여전히 노동계급과 하층민들을 배제하는 예
술 작품과 그 영역의 배타적 성격을 이곳에서는 찾을 수 없다. 적어
도 모스크바의 박물관에서는 프롤레타리아의 절망적인 의기소침함

을 발견할 수 없다는 사실은 매우 의미심장했다.

훗날 발표한 「기술복제시대의 예술작품」에서도 벤야민은 영화 자본이 발언권을 쥐고 있는 서구의 영화 산업과 대비하여 러시아의 영화예술이 갖는 의미에 대해 이야기한 바 있다. 그는 이 글에서 러시아 영화에 등장하는 배우의 일부는 말 그대로의 배우가 아니라 '자기 자신을 연출하는 민중'이라는 점에 주목하면서, 서구의 영화는 자본주의적 특징으로 인해 "자기 자신을 재현·연출해보려는 현대 인간의 정당한 요구는 외면 내지 무시"되고 있으며, 서구의 영화 산업은 "환상을 불러일으키는 스펙터클과 아리송한 상상력을 통하여 대중의 참여를 부채질하는 데만 관심을 쏟고 있을 따름"「기술복제시대의 예술작품」, 218 쪽이라고 비판한다.

벤야민이 러시아 영화에서 발견한 '예술의 정치화'는 전쟁으로 치닫는 파시즘과 미래파(전통을 부정하고 기계문명이 가져온 약동감을 새로운 미美로 규정한 전위예술운동)의 '정치의 예술화' 경향에 대비된다. 그는 정치와 예술이라는 두 개념이 어떤 위치에 자리 잡는가에 따라 전혀 다른 효과를 생산할 수 있다는 사실을 경고한다. 그것은 당시 독일의 '국가사회주의'와 소비에트의 '국가자본주의' 사이에서 발견될 수 있는 결정적인 차이이기도 하다. 1923년 독일에서 제1당이 된 나치당은 적어도 복지와 사회보장제도, 교육과 기간산업에 대한 국가의 책임과 서비스를 방기하지 않았다. 그들은 사람들이 원하는 것과 무엇을 필요로 하는지 정확하게 알고 있었고, 바라는 것을 충족시키주려

했다. 게다가 나치당은 개인의 사적 소유권을 철저하게 인정하고 보장했다. 그것이 비록 유일한 이유는 아니겠지만, 어쨌든 이 과정 속에서 독일의 보통 사람들은 나치의 반유대주의 선동에 자연스럽게 흡수되어갔던 것이다.

어떤 조직의 선전이나 누군가의 이론에도 기대지 않고 벤야민은 그만의 시선으로 유럽의 다른 도시들에서는 찾아볼 수 없는 모스크바의 고유한 특징과 의미들을 찾아 나갔다. 그의 눈에 보인 것은 때로 유럽의 동시대 사회주의자들이 기대했던 것과는 다른, 가난의 풍경 및 혁명으로 부모를 잃은 고아들의 방황일 때도 있었다. 하지만 그는 이 혁명의 결과가 누구에게 이로웠는지, 그리고 누구에게 이로운 것이어야 하는지를 모르지 않았고, 그것을 박물관 에피소드를 통해 보여주고자 했다. 그의 관심은 모스크바의 진짜 모습, 즉 모스크바 사람들의 삶 그 자체였다. 그는 그것을 걸음걸이부터 새로 배우는 연습과 훈련의 힘으로 섬세하게 발견하고자 했지만, 결국 한낱 방문객일 뿐인 자신의 처지를 안타까워하지 않을 수 없었다. "저런 구걸하는 아이들만큼만 모스크바를 잘 알 수 있다면! 저 아이들은 어느 시간에 어느 가게 문 옆 구석에서 10분간 몸을 데울 수 있는지, 일주일에 한 번씩 언제 어디에서 딱딱한 빵 한 조각을 얻을 수 있는지, 쌓아 놓은 수도관들 중 어느 곳에 잠잘 만한 자리가 비어 있는지를 알고 있다"「발터 벤야민의 모스크바 일기」, 285쪽고 벤야민은 말한다. 무엇인가를 배울 때, 삶의 절실함을 뛰어넘는 방법론은 없다는 사실을 그는 잘 알고 있었던 것이다.

벤야민이 본 모스크바 속에는 나폴리와 베를린도 있었다. 어느 날 우연히 전차를 타고 모스크바의 외곽 마을까지 나가본 그는 "이 렇게 완전히 낯선 도시의 구역들을 지나는 어쩔 수 없고 목적 없는 여행"같은 책, 249쪽의 행운에 즐거워한다. 그때 그는 "비로소 이 도시의 몇몇 외곽 지역들이 나폴리의 항구 거리들과 너무나 유사하다는 것" 을 발견했고, 눈앞에 "모스크바의 시골적인 성격이 이 외곽 거리에 서 불현듯 완전히 발가벗겨진 채, 분명하고도 무조건적으로"같은 책, 249 쪽 그 모습을 드러내는 것을 목격했다.

도시에 '시골적인 성격'이 있다는 말은 그 도시 안에 완벽하게 도 시화되지 않은 부분이 여전히 남아 있다는 뜻이다. 벤야민에게 그것 은 도시화가 진행되는 동안 잃어버려야만 했던 공동체적인 정서, 자 연과의 교감, 그리고 정해진 용도로 고착되기 이전의 다양한 가능성 을 지니고 있던 공간에 대한 애틋한 향수를 불러일으킨다는 점에서 긍정적으로 받아들여진다. 모스크바의 시골적 성격은 무엇보다 그 공간의 특성과 그곳에 사는 사람들이 만들어내는 분위기 속에서 가 장 잘 드러난다.

> 모스크바의 거리들엔 어떤 특별한 것이 있다. 러시아 마을들이 그 안에서 숨바꼭질을 하는 것이다. (…) 그곳의 고르지 않은 땅 바닥에서 썰매를 타는 아이들, 구석구석에 있는 땔감이나 장비들

을 보관하는 창고들, 여기저기 둘러선 나무들, 나무 사다리와 부
속건물들은 거리 쪽에서 보면 도회적으로 보이는 집의 뒷면에
러시아 농가의 외관을 만들어낸다. (…) 이렇게 거리가 풍경의 차
원으로 자라난다. 어느 서구 도시도 커다란 광장들을 이곳처럼
시골스런 모습으로, 마치 항상 날씨가 안 좋은 것처럼 질퍽한 눈
이나 비에 젖은 상태로 내버려둔 곳은 없다.

— 『발터 벤야민의 모스크바 일기』, 311쪽

　　거리 안에 마을이 들어와 있고 집과 거리의 경계가 분명하게 구
별되지 않는 도시의 모습은 나폴리와 다르지 않다. 쓸모없는 것을 제
멋대로 방치하지 않고 쓸모 있는 것을 내버려두지 않는 자본주의적
계산속이 아직 이곳의 모든 공간을 점령하지는 않았다. 그 순간 모스
크바는 벤야민의 눈에 '변두리'로 비쳐진다. 그는 적어도 모스크바에
비해 한층 더 고도화된 도시의 삶을 이미 경험해본 터였다.
　　벤야민이 나폴리나 모스크바에서 발견한 '도시 안에 잠입해 들
어온 시골'은 낭만적인 자연 풍경이 아니다. 그것은 오히려 "자유로
운 자연 중에서도 가장 혹독한 측면, 경작지, 포장도로, 혹은 전율하
는 네온사인의 붉은 불빛 띠에 의해서도 더 이상 가려지지 않는 밤
하늘"『일방통행로』, 91쪽 같은 것들이다. 또한 도시 안에 자리 잡고 있는 시
골 풍경은 그 흉물스러움으로 인해 빈부에 따른 계층적 차별이 상징
적으로 드러나는 공간이 된다.

여행은 예정된 시간에 맞춰서 끝난다. 여행에서 금방 돌아온 이에게 자신의 고향은 낯설다. 이런 낯섦 때문일까? 그는 이전에는 한번도 보지 못했던 방식으로 베를린을 본다. "집에 돌아와서 제일 먼저 보게 되는 것은 단 한 가지, 베를린에는 정말 사람이 없다는 것" 『발터 벤야민의 모스크바 일기』, 274쪽이고, "귀족적으로 고립되어 있으며 귀족적으로 황량"한 느낌이 드는 베를린의 거리는 사치스러웠다. 곳곳에 물건들이 집 밖으로 쏟아져 나와 있어 어수선해 보이지만 특유의 활기가 있는 모스크바와 비교할 때, 베를린 거리는 "금방 깨끗이 닦아낸 빈 경주트랙 같다."같은 책, 275쪽

벤야민은 모스크바 여행을 통해 자신이 떠나온 곳, 즉 베를린을 다시 발견했다. 그 결과 모스크바에 관한 에세이의 첫 문장을 이렇게 시작할 수 있었다. "모스크바를 알게 되기 전에 먼저 모스크바를 통해 베를린을 보는 법을 배운다."

어쩌면 모든 여행의 의미가 바로 여기에 있지 않을까? 여행은 낯설고 새로운 것과의 만남을 통해 무엇인가를 배우고 그 과정 속에서 내가 성장할 수 있다는 점에선 의미가 있지만, 언젠가는 일상의 삶이 있는 원래의 출발지로 되돌아가야만 한다는 점에선 삶의 예외적인 방식이기 때문이다. 여행의 진정한 의미, 혹은 여행에서 배울 만한 점이 있다면, 그것은 낯선 곳의 경험으로 익숙한 삶의 공간을 새롭게 발견할 수 있다는 데 있지 않을까? 벤야민의 여행이 바로 그러했다. 그는 이렇게 말한다. "도시와 사람들의 모습은 정신적 상태의 모습과

다르지 않다. 정신적 상태에 대해 이런 새로운 시각을 얻게 되는 것이야말로 러시아 체류에서 얻은 것 중 가장 확실한 것이다. 러시아를 조금밖에 알지 못하더라도 우리는 러시아에서 일어나는 일들에 대한 의식적인 지식을 가지고 유럽을 관찰하고 판단하는 것을 배운다."『발터 벤야민의 모스크바 일기』, 273쪽

4. 파리, 길을 잃어야 길이 보인다

　1926년은 벤야민에게 중요한 해였다. 고향인 베를린을 제외하고 그의 삶에서 가장 중요한 의미를 지닌 두 도시, 파리와 모스크바를 모두 이해에 방문했기 때문이다. 모스크바를 방문한 공식적인 이유는 소비에트에서 편찬하는 백과사전의 '괴테' 항목을 집필하는 일이었지만, 개인적으로는 연인 아샤 라시스를 만나려는 기대가 더 컸다. 그에게 모스크바는 사회주의혁명에 대한 기대와 관심을 확인하는 장소였고, 혁명 이후의 소비에트가 어떤 방식으로 운영되는지를 직접 살펴볼 수 있는 기회이기도 했다.

　한편 파리를 방문한 것은 이때가 처음은 아니었지만, 1926년의 방문은 나날이 극심해지는 독일의 반유대주의 정서에 위기감을 느끼고 이주(또는 망명)를 염두에 두었다는 점에서 이전의 가벼운 여행과는 그 의미가 달랐다. 파리 방문 이듬해부터 그는 19세기 파리의 아케이드를 둘러싼 방대한 프로젝트에 착수했고, 이와는 별도로 프루스트나 보들레르를 번역하고, 파리의 초현실주의 예술가들에게 깊은 관심을 기울이기 시작했다. 그 이후 파리는 그에게 제2의 고향이 되었다. 무엇보다 1934년 이후부터 1940년 스스로 생을 마감하기 직전까지 그의 주된 거처는 파리의 국립도서관이었다.

망명지 혹은 또 다른 고향

1913년 5월 벤야민은 생애 처음으로 파리를 방문했다. 2주 동안의 짧은 여정이었지만 '가장 아름다운 경험'으로 기억될 만한 여행이었다. "벤야민은 루브르 박물관의 전시품들을 탐닉했고, 대로를 마음껏 활보했다. (…) 두 주일간의 행복을 만끽하며 그는 친구에게 엽서를 보내기도 했는데, 거기서 그는 두 주일의 생활이 마치 석 달은 된 것 같아 베를린보다 파리가 더욱 집처럼 편안하게 느껴진다고 썼다. 파리는 '세계의 수도' 혹은 적어도 '세계의 거울'인 것처럼 느껴졌고, 역사와 전통, 낭만과 정치로 흠뻑 젖어 있었다."「매혹의 도시, 맑스주의를 만나다」, 125~126쪽 자신이 나고 자란 고향보다 파리에서 더 편안함을 느꼈노라고 고백할 때만 해도 벤야민은 앞으로 자신의 인생 중 많은 시간을 파리에서 보내게 되리라는 것, 미국으로 망명하기 위해 파리를 떠나기 전까지 생애 마지막을 그곳에서 보내게 되리라는 것을 알아차리지 못했다. 하지만 그는 파리라는 도시에 본능적으로 끌렸고, 첫 번째 방문 이후 다양한 이유들, 이를테면 보들레르나 프루스트의 번역, 『아케이드 프로젝트』와 같은 지적인 작업을 진행하면서 더욱 확고하게 매료되었다. 무엇보다도 파리는 그에게 도시를 여행하는 방법을 가르쳐준 도시였고, 자신의 지적인 작업에 대한 일종의 사명감을 심어준 도시였다.

파리는 그에게 여행하는 법, 길을 헤매는 기술을 본격적으로 가르쳐준 도시였다. 물론 엄밀한 의미로 그가 낯선 도시에서 길을 잃고 헤매는 경험을 가장 먼저 했던 곳은 나폴리였다. 나폴리에서는 여행 안내서나 지도가 무용지물일 수 있음을 처음 알게 된 것이다. 이 오래된 도시에서 집의 번지수나 참고할 만한 지형지물을 발견하기란 쉽지 않았다. 모든 길이 미로처럼 얽혀 있고, 집과 길의 구분이 모호한 '다공성'의 도시였기 때문이다. 길을 잃고 헤매야만 도시의 진면목을 발견할 수 있음을 벤야민은 나폴리에서 처음 깨달았다. 그리고 "미로에서 길 찾기는 지성과 계산 능력의 문제가 아니라, 오히려 운과 감각의 사용에 달려 있다"『발터 벤야민과 메트로폴리스』, 57쪽는 것을 인정해야만 했다. 그런데 벤야민이 맞닥뜨린 파리의 길들은 지도가 쓸모없는 '미로', 그 이상이었다.

길을 헤매는 사람에게는 간판, 거리의 이름, 행인, 지붕, 간이매점, 혹은 술집이 말을 걸어오게 마련이다. (…) 내게 이처럼 헤매

는 기술을 가르쳐준 도시는 파리였다. 공책의 압지 위에 그려진
미로에 처음으로 흔적을 남긴 꿈이 파리에서 실현되었다. (…) 그
런데 파리는 나의 숨 막히는 기대감을 충족시킨 반면, 나의 지
형학적 몽상을 능가했다. 적어도 릴케로 거슬러 올라갈 수 있는
비의적秘儀的 전통—당시 이 전통의 수호자는 프란츠 헤셀이었
다—속에서 내게 모습을 나타낸 파리는 미로라기보다는 차라리
수평갱도였다. 수백 개의 갱도와 함께 도시 전체에 남북으로 뚫
린 지하철의 세계를 나의 끝없는 산보와 떼어 생각하기란 불가
능하다.   ─『베를린 연대기』, 162~163쪽

　파리는 나폴레옹 3세 시절부터 이미 '19세기의 수도'라는 칭호가
낯설지 않을 만큼 유럽에서도 가장 발달한 대도시였다. 오스만이 주
도한 도시계획으로 가로街路가 편리하게 정비된 그곳에서 길을 잃는
다는 것은 벤야민에게 그야말로 훈련이 필요한 일이었다. 하지만 나
폴리나 모스크바에서 그랬던 것처럼 적극적으로 길을 잃고 헤매는
방식으로 파리라는 도시의 맨얼굴과 대면하고 싶어 했다. 길을 잃고
헤매는 여행자에게 낯선 도시 안에 있는 모든 사물, 이를테면 간판과
거리의 이름들, 행인과 술집 등등은 하나도 예사롭지 않다. 관광안내
지도나 그 도시에서만 빛나는 지형지물들이 아니라, 어디에나 있는
평범하고 사소한 풍경 속에서 그 도시만의 성격을 발견하는 것, 바로
이것이 여행의 진정한 고수가 취하는 방법이다.

벤야민은 자신이 '수평갱도'라고 표현한 파리 시내 동서남북의 길들을 끝없이 산책하며 이 도시를 배우기에 골몰했다. '도시를 배회하는 산책자' 보들레르와 '파리를 산책하는 예술적 방법'을 알려준 친구 헤셀(1880~1941, 독일의 작가 겸 번역가. 벤야민과 함께 프루스트의 『잃어버린 시간을 찾아서』를 번역했다)이 이 여행의 스승이고, 길잡이였다. 그 결과 그는 "파리에 온 지 몇 주 만에 벌써 강변을 거니는 것, 민속축제마당, 그리고 (…) 베를린의 그것과는 완전히 다른 무도회에 대해서 베를린으로 소식을 전할 수 있었다."『발터 벤야민』, 96쪽

한 도시에서 길을 잃고 헤매는 일은 그 도시에 체류하는 시간이 길어질수록 낡은 방법이 되어간다. 여행자에서 거류민으로 신분이 바뀌게 되면 '헤매기'는 일상적인 '산책'으로 옮겨간다.

파리를 여기저기 싸돌아다니는 산책은 아페리티프와 함께 시작할 수 있다. 즉 5~6시경부터. 하지만 꼭 이때라고 못 박고 싶은 생각은 없다. 큰 기차역 중 하나를 출발지로 택할 수 있을 것이다. (…) 기차역은 출발점으로도 훌륭하지만 동시에 종착점으로도 아주 쓸 만하다. 그러면 이제 광장을 생각해보자. 그런데 여기서는 몇 가지 구분이 필요하다. 일부 광장은 역사가 없으며 이름도 없기 때문이다. (…) 이러한 광장들은 말하자면 도시 풍경에서는 운 좋은 우연으로, (…) 초라한 집들이 무질서하게 뒤엉켜 제멋대로의 군락을 형성하고 있는 것이다. 이러한 광장들에서 발언권

을 가진 것은 나무이다. (…) 진짜 파리 토박이는 어깨를 으쓱하면서, 비록 몇 년 동안이나 한 번도 파리 밖으로 여행하지 않았음에도 불구하고 〈파리〉에 살기를 거부한다. 그는 13구 또는 2구 또는 18구에, 즉 파리가 아니라 그의 구에 산다. ─3구, 7구, 20구에. ─그리고 이것이 지방이다. (…) 이 도시는 구역들, 다시 말해 지역들 한가운데 다른 구역들을 통합해 들이고, 그리하여 예를 들어 프랑스 전체보다 더 많은 지방을 소유하고 있는 것이다. 왜냐하면 여기서 관료들이 토지대장을 정리하는 방식대로 구를 구획하는 것은 어리석은 짓일 것이기 때문이다.

─『아케이드 프로젝트 II』, C°, 6

벤야민의 산책은 거리에 어스름이 깔리기 시작하는 오후 5시에서 6시 무렵, 저녁 식사의 입맛을 돋우는 한 잔의 아페리티프(식전에 마시는 칵테일, 샴페인, 와인 등의 술)와 같다. 하지만 시간 따윈 아무래도 좋다. 그는 기차역(어떤 역이든 상관없다)에서 시작하거나 기차역으로 끝나는 산책을 즐긴다. 허름하고 오래되었으며 때로는 이름조차 없는 역 앞 광장을 어슬렁거리고, 그 인근에 있는 초라한 집들을 살펴본다. 싱싱하게 자라고 있는 나무들이 아니라면 아무것도 특별할 것도 없는 사물들. 그가 서 있는 역 앞 광장엔 이방인인 자신 말고는 진짜 파리 사람은 아무도 없다. 그들은 파리에 살고 있지만 자신만의 지역, 자기만의 지방에 살고 있다. 이런 모습은 파리의 지도나 관광

안내 책자 그 어디에도 나와 있지 않은, 다시 말해 특징 없고 시시한 것이지만, 벤야민은 그 속에서 진짜 파리의 모습과 파리 사람들의 삶을 발견하고 싶어 한다. 어스름한 오후의 산책은 어딘지 보들레르의 그것을 연상시킨다. 또한 보통의 여행자라면 무심히 지나쳤을 어느 기차역의 이름 없는 광장과 나무들 및 가난한 사람들의 거주지에 눈길을 던지는 그의 시선은 쓸모없고 시시하거나 버려진 것들 속에서 다시 쓸 만한 무언가를 발견하는 넝마주이의 그것과 닮아 있다.

벤야민에게 파리가 각별히 의미 있는 도시였던 또 하나의 이유는 자신의 인생에서 결정적으로 중요한 하나의 인상적인 경험을 바로 그곳에서 했다는 데 있다. 그는 그것을 "내 삶에 대한 통찰이 번개처럼 일종의 영감과도 같은 힘으로 나를 엄습했던 파리"『베를린 연대기』, 197쪽에서 어느 날 오후에 벌어진 일이라고 말한다. 그것은 우연히, 그리고 부지불식간에 그가 살면서 맺어왔던 모든 인간관계가 생생하면서도 은밀한 형태로 찰나의 모습을 드러내는 식으로 다가왔다. 그것은 "담장과 부두, 아스팔트, 화랑, 폐허, 격자창, 네모난 정원, 아케이드 그리고 간이매점이 우리에게 아주 독특한 언어를 가르쳐준 파리에서 일어날 수밖에 없었다"같은 책, 197쪽고 말한다.

도시를 헤매는 연습으로 무장한 여행자에게 그 도시의 사물들이 알려준 '독특한 언어'란 무엇이었을까? 그것은 왜 파리에서만 가능했으며, 그것을 통해 벤야민은 무엇을 배웠을까? 이러한 질문들에 대해 벤야민은 분명하게 답하지 않는다. 하지만 적어도 한 가지는 분명하다. 그의 여행이 파리에서는 현재의 시간 위에서만 이루어지지 않았다는 점이다. 벤야민에게 사물들의 '독특한 언어'를 가르쳐준 '어느 날 오후,' 그의 눈앞에 펼쳐진 것은 자신의 삶 속에서 만들어온 모든 인간관계와 무의지적으로 떠오른 몇몇 사건들이었다. 마치 프루스트가 어느 날 오후에 마신 홍차 한 잔에서 자신의 전 일생을 호출해냈듯, 벤야민은 그것들이 현재의 시간 위로 불쑥 솟아오르는 것을 목격했다.

> 그날은 도시가 상상력 위에 어떤 지배력을 갖는지, 또한 사람들이 가차 없이 서로에게 무언가를 요구하고, 약속, 전화, 회의, 방문, 연애질, 생존 투쟁 때문에 개인에게 어떤 명상의 순간도 허용되지 않는 도시에 대해 우리는 왜 기억을 통해 복수를 하는지, 그리고 왜 우리의 삶을 소재로 도시가 은밀히 만든 베일을 통해 사람들의 이미지보다는 우리가 다른 사람들 혹은 우리 자신을 만났던 장소들의 이미지가 나타났는지를 알게 된 날이었다.
>
> ─『베를린 연대기』, 197~198쪽

그날의 경험으로 벤야민은 파리의 현재 모습만 찾아다니는 일이 무의미하다고 생각한다. 한 사람의 현재, 곧 그가 누구이고 어떤 사람인지를 알기 위해서는 그의 살아온 삶을 살펴보아야 하듯이, 한 도시를 여행하고 그것으로부터 무엇인가를 배우기 위해서는 단순히 현재의 공간만을 헤매는 것으로는 부족하다는 사실을 깨달았기 때문이다. 그때부터 벤야민의 파리 여행은 과거와 현재를 함께 살펴보는 일이 되었다. 파리의 과거를 알기 위해 국립도서관의 문서고를 헤매고, 현재를 알기 위해 수평갱도와 같은 복잡하고 크고 작은 길들을 '예술적으로 산책'하는 일을 동시에 수행해 나갔다. 그런 방법들을 통해 19세기의 수도 파리를 여행하는 미완의 걸작 『아케이드 프로젝트』의 윤곽이 마련되기 시작한 것이다.

도시의 과거를 여행하는 방법

1933년에 베를린을 떠난 벤야민은 몇 번의 여행을 제외하고는 1940년 미국 망명길에 오를 때까지 파리에 머물렀다. 하지만 전쟁과 파시즘의 위협에서 벗어나기 위해 유럽을 떠나려던 그의 계획은 유럽 땅을 채 탈출하기도 전에 무산되었고, 결국 파리는 그의 마지막 망명지이자 최후의 고향이 되었다.

파리에 정착한 이후 벤야민은 도시에서 길을 잃고 헤매는 여행의 방식을 버리고 완전히 새로운 시도를 하게 되는데, 그것은 동시대의 다른 공간을 체험하는 여행의 개념을 뒤집어버린 대단히 특이한 것이었다. 그 무렵 그의 여행은 책상 앞에 앉아서 하는 여행, 즉 자본주의적 문화가 막 싹트기 시작한 19세기 문화의 수도 파리를 공부

파리 국립도서관의 현재 내부 모습(위)과 벤야민이 파리에 정착한 뒤 만든 국립도서관 출입증(아래)

벤야민은 자신의 작업과 파리의 국립도서관 풍경에 대해 이렇게 표현했다.

"파리의 아케이드들을 다루는 이 노트들은 둥근 천장 위에 펼쳐진 구름 한 점 없는 푸른 하늘 아래의 야외에서 시작되었다. 그러나 이 노트들은 몇 백만 장의 나뭇잎, 몇 세기에 걸쳐 쌓인 먼지에 파묻혀버렸다. 이들 나뭇잎에는 근면이라는 상쾌한 미풍이 불어오는가 하면, 연구자의 답답한 한숨이 닿기도 하며, 팔팔한 정열의 폭풍우가 몰아치는가 하면, 호기심이라는 한가한 산들바람으로 흔들리기도 한다. 왜냐하면 파리의 국립도서관 열람실의 아케이드 위에 걸려 있는 그림 속의 여름 하늘이 열람실 위로 황홀한, 어두운 천장을 펼치고 있기 때문이다."(『아케이드 프로젝트 I』, N 1, 5)

하는 방식으로 이루어졌다. 그는 허름한 하숙집과 파리의 국립도서관을 매일 오가며 방대한 자료들 속을 여행하기 시작했고, 그것이 곧 필생의 작업이 되었다. 앉아서 유목하기 혹은 철학적 노마드의 탄생! 이 여행을 하는 동안 벤야민은 '지금 우리가 살고 있는 이 세계는 어떻게 만들어졌을까' 하는, 한 가지 질문을 늘 품고 다녔다. 그는 이 질문에 대한 답을 구하기 위해, 그리고 그의 시대가 올라탄 기관차의 폭주를 정지시키기 위해 19세기의 파리에 눈을 돌렸고, 그것이 『아케이드 프로젝트』의 내밀한 근거이자 존재 이유였다.

하지만 『아케이드 프로젝트』가 이 무렵에 비로소 구상되고 시작된 것은 아니다. 1928년 1월, 벤야민은 친구 게르숌 숄렘(1897~1982, 유대교 철학자이며 역사가. 예루살렘 대학의 유대교 신비주의 교수)에게 보낸 편지에서 이미 『아케이드 프로젝트』의 초기 작업에 대해 언급했다. "지금, 그러니까 조심조심하며, 예비 작업을 하고 있는 논문—극히 주목할 만하지만 동시에 극히 불확실한 에세이인 「파리의 아케이드들: 변증법의 요정의 나라」—를 마치게 되면 내게는 하나의 창작 주기가 (…) 종결될 걸세."「빌터 벤야민이 게르숌 숄렘에게」, 1928년 1월 30일

벤야민이 말한 「파리의 아케이드들: 변증법의 요정의 나라」는 끝내 완결되지 못했지만, 이후 10여 년에 걸쳐 연구와 보완을 거듭했고, 1935년과 1939년에 프로젝트에 대한 개요를 세상에 내놓았다. 『아케이드 프로젝트』는 '인용으로만 이루어진' 글을 쓰고 싶다는 그의 욕망이 완성되어가는 과정을 보여주는 방대한 인용과 그것에 관

게르솜 숄렘
숄렘을 처음 알게 된 이래, 그는 벤야민의 가장 든든한 친구이자 정신적 후원자였다. 벤야민은
자신의 작업들 대부분을 숄렘에게 이야기하며 의견과 지지를 구하곤 했다.

런된 메모들로 이루어진 일종의 원고 뭉치이며, 세상의 잣대로 말한다면 미완의 책이다. 그러나 한편으로 어떤 페이지 어떤 문장에서 시작해도 그것은 파리라는 도시를 통해서 우리시대 자본주의 문화의 출발과 근거를 사유하기에 손색없는 거대한 문제의식을 담고 있다. 벤야민은 인용문들과 메모들을 각각의 파편처럼 다루었지만, 그 파편들 속에는 자본주의 문화의 전체 상이 담겨 있다고 믿었다.

아케이드를 중심으로 한 19세기 파리로의 여행은 1852년 출판된 『그림으로 보는 파리 가이드북』과 함께 시작된다. 이때 그가 발견한 아케이드는 어떤 모습이었을까?

> 산업에 의한 사치가 만들어낸 새로운 발명품인 이들 아케이드는 몇 개의 건물을 이어 만들어진 통로로, 벽은 지붕으로 덮여 있으며, 대리석으로 되어 있는데, 건물의 소유주들이 이러한 투기를 위해 힘을 합쳤던 것이다. 천장에서 빛을 받아들이는 이러한 통로 양측에는 극히 우아한 상점들이 늘어서 있는데, 이리하여 이러한 아케이드는 하나의 도시, 아니 축소된 하나의 세계이다.
>
> —『아케이드 프로젝트 II』, a°, 1

벤야민이 보기에 아케이드는 19세기 산업의 사치가 만들어낸 새로운 발명품이자, 하나의 도시, 아니 축소된 하나의 세계였다. 따라서 아케이드에 대한 연구는 그 자체로 파리라는 도시, 더 나아가 자본주의 세계에 대한 통찰이 된다. 19세기 초반에 나타났다가 백화점의 등장과 더불어 사라진 파리의 아케이드는 철골과 유리를 사용하여 지어진, 당시로서는 첨단의 건축물이었다. 자본주의적 산업의 발달은 돌과 나무를 기본으로 하는 기존의 건축 방식을 쇠와 유리를 사용하는 방식으로 바꿔버렸는데, 아케이드는 그런 방식의 주요한 현실적 표현이었다. 아케이드뿐만 아니라 당시 파리에는 유리의 속성이 연장된 '거울'을 사용하는 방식이 유행처럼 번지고 있었다. 파리는 거울의 도시였다.

> 문에도 벽에도 거울이 부착되어 있었으므로 그처럼 애매한 밝기의 조명 앞에서는 어디가 안이고 어디가 밖인지 알 수가 없었다. 파리는 거울의 도시이다. 파리의 자동차 도로의 거울같이 매끈매끈한 아스팔트, 어느 술집이나 앞에는 유리로 된 칸막이가 있다. 카페 안쪽을 좀 더 밝게 비춰주고, 작은 칸막이들로 공간을 분리시키고 있는 파리의 음식점 내부에 편안한 느낌의 넓이를 부여하기 위해 창유리와 거울이 넘쳐나고 있다. 여성들이 자기 모습을 다른 어느 곳에서보다 더 많이 볼 수 있는 것도 바로 이곳에서이며, 파리 여성들 특유의 아름다움이 생겨난 것도 바로 이곳에서이다. ─『아케이드 프로젝트 II』, $c°$, 1

거울과 유리는 아케이드의 천장과 상점들의 쇼윈도에만 있지 않았다. 문과 벽, 거리와 식당의 내부 등 어디에서나 넘쳐났다. 거울과 유리는 공간을 구획하고 확장하는 역할을 동시에 수행했고, 사람과 사물의 모습을 동일한 형상으로 비추는 기능을 했다. 파리의 사람들은 유리와 거울을 통해 세계를 보기 시작했지만, 그 세계는 현실의 모습을 반영만 할 뿐 현실 그 자체는 아니었다. 특히 거울에 비춰진 상, 실제 모습처럼 보이지만 실재 그 자체는 아닌 것, 일종의 그림자에 해당하는 그것을 통해 현실의 모습을 보는 데 익숙해진 사람들에게 사진과 영화, 광고 등은 현실과 비현실의 격차를 빠른 속도로 없애버렸다.

벤야민은 이러한 거울이 만들어내는 판타스마고리아(환영)의 세계가 사람들로 하여금 현실에서 눈을 돌리고 잠을 자고 꿈을 꾸게 하는 효과를 불러일으킨다고 보았다. 이 때문에 그에게는 잠을 자는 사람들을 깨우는 것, 즉 거울을 깨고 사람들을 '각성'시키는 것이 19세기의 도시를 여행하는 중요한 이유였다. 그는 "과거에 존재했던 것은 변증법적 전환, 각성된 의식이 돌연 출현하는 장이 되어야 한다"^{같은}^{책, h°, 2}고 말한다. 거기에는 과거 혹은 역사를 도금하는 것이 아닌, '좀 더 인간에 어울리는 미래를 선취'해야 한다는 그의 목표 의식이 담겨 있다.

「파리의 아케이드: 변증법의 요정의 나라」에서 시작된 19세기 파리로의 여행 혹은 『아케이드 프로젝트』는 1939년의 '개요'를 끝으로 더 이상 진행되지 못했다. 벤야민은 생의 거의 마지막까지 이 여행

19세기 파리의 다양한 아케이드

위 왼쪽부터 파사주 로페라, 파사주 슈와쇨, 갈레리 비비엔, 파사주 파노라마이다. 벤야민은 파사주(아케이드)에 대해 이렇게 말한다. "산업에 의한 사치가 만들어낸 새로운 발명품인 이들 아케이드는 몇 개의 건물을 이어 만들어진 통로로, 벽은 지붕으로 덮여 있으며, 대리석으로 되어 있는데, 건물의 소유주들이 이러한 투기를 위해 힘을 합쳤던 것이다. 천장에서 빛을 받아들이는 이러한 통로 양측에는 극히 우아한 상점들이 늘어서 있는데, 이리하여 이러한 아케이드는 하나의 도시, 아니 축소된 하나의 세계이다."

이러한 아케이드 건축은 파리뿐만 아니라 런던, 브뤼셀, 밀라노 등 유럽 각지와 미국 도시에서도 유행했다. 108쪽 아래 사진은 밀라노 비토리오 엠마누엘레 갤러리아의 현재 모습으로, 아케이드의 거대한 모습을 잘 보여준다.

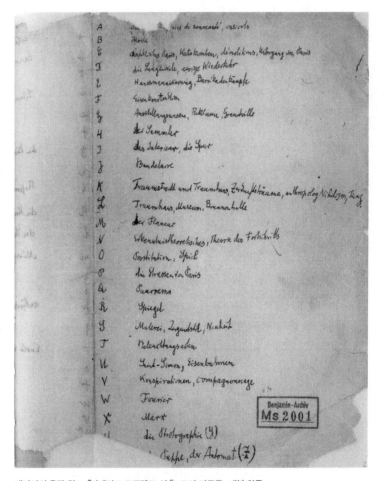

벤야민의 육필 원고, 『아케이드 프로젝트』의 「노트와 자료들」 세부 항목

A 아케이드, 신유행품점, 신유행품점 점원 / B 패션 / C 태고의 파리, 카타콤베, 폐허, 파리의 몰락 / D 권태, 영겁회귀 / E 오스만 식 도시 개조, 바리케이드전 / F 철골 건축 / G 박람회, 광고, 그랑빌 / H 수집가 / I 실내, 흔적 / J 보들레르 / K 꿈의 도시와 꿈의 집, 미래의 꿈들, 인간학적 허무주의, 융 / L 꿈의 집, 박물관, 분수가 있는 홀 / M 산책자 / N 인식론에 관해, 진보 이론 / O 매춘, 도박 / P 파리의 거리들 / Q 파노라마 / R 거울 / S 회화, 유겐트슈틸, 새로움 / T 조명 방식들 / U 생시몽, 철도 / V 음모, 동업직인조합 / W 푸리에 / X 맑스 / Y 사진 / Z 인형, 자동 기계

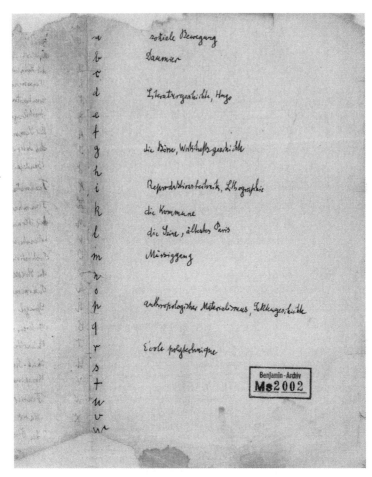

벤야민의 육필 원고, 『아케이드 프로젝트』의 「노트와 자료들」 세부 항목
a 사회운동 / b 도미에 / c / d 문학사, 위고 / e / f / g 증권거래소, 경제사 / h / i 복제 기술, 석판화 / j / k 코뮌 / l 센 강, 최고(最古)의 파리 / m 무위(無爲) / n / o / p 인간학적 유물론, 종파의 역사 / q / r 에콜 폴리테크니크 / s / t / u / v / w / x / y / z

에 골몰했고, 정치적이고 개인적인 위기 상황에도 불구하고 여행을 끝내고 싶어 하지 않았다. 그의 앞에는 여전히 방대한 양의 텍스트가 쌓여 있었으며, 그것들은 모두 입구와 출구가 정해지지 않은 미로처럼, 아니 파리 시내의 복잡한 지하철과 하수구를 따라 지하로 뻗어 내려간 수평갱도처럼 펼쳐져 있었다.

『아케이드 프로젝트』는 19세기 파리의 문화(여기에는 그 시대의 역사와 철학, 문학, 건축, 노동운동과 인물, 건축물과 유행에 이르기까지 문화라는 이름 아래 많은 것들이 포괄되어 있다)를 통해 자본주의의 원-현상을 밝히고, 그것을 통해 현실을 각성함으로써 더 나은 미래를 선취한다는 분명한 목표를 지닌 지적 작업이었다. 벤야민은 이 작업을 뉴욕으로 근거지를 옮긴 프랑크푸르트 대학 사회문제연구소의 막스 호르크하이머(1895~1973, 독일의 철학자. 프랑크푸르트 대학 사회문제연구소의 창설 멤버)와 테오도어 아도르노(1903~1969, 독일의 사회학자, 음악학자, 철학자. 프랑크푸르트 학파의 주요 멤버로, 벤야민이 『아케이드 프로젝트』를 비롯하여 주요 작업들에 관해 많은 대화를 나누었던 친구)를 통해 세상에 공표하고 싶어 했다. 그래서 파리에 정착한 1930년대 내내 그들과 편지를 주고받으며 자신의 작업을 설명하고 이해를 구하면서 수정해 나갔다. 그들은 관례적인 글쓰기 방식, 이를테면 일반적인 에세이나 논문적 글쓰기의 방식에서 한참 벗어나 있는 벤야민의 글쓰기에 자주 당혹감을 감추지 못했고, 그의 방법론이 때때로 비변증법적으로 비쳐지는 것에 대한 염려를 숨기지 않았다. 그런데 사실 이는 아도르노와 호르크하이머의 오독 때문이 아니라 벤야민의 의도에서 비롯된 것이었다. 벤야민은 인용으로만 이루어진 글쓰기에 대한 강력한 욕망을 품고 있었으며, 이 프로젝트가 그런 자신의 욕망을 현실화해줄 것으로 기대했다. 또한 '비변증법적'인 것으로 비칠 수 있는 '정지 상태의 변증법'이나 '변증법적 이미지'만이 자신이 제시하는 프로젝트 속의 개별 항목들을 유의미하게 만들어줄 수 있다고 믿었다.

『아케이드 프로젝트』를 19세기 파리로의 여행이라는 관점에서 바라본다면, 그것은 벤야민 스스로 창안해낸 여행안내서, 아니 한 장의 지도라고도 부를 수 있을 듯하다. 아케이드에서 시작된 이 지도에는 일반적 의미의 랜드마크가 없다. 유명한 지형지물도 등장하지 않고, 공간을 균질화하거나 시간을 괄호 치지도 않는다. 『아케이드 프로젝트』라는 지도 위에는 다양한 항목들이 여러 가지 방식으로 펼쳐져 있다. 그것은 철골 건축, 석판화, 파노라마, 철도, 거울, 사진과 같은 사물일 때도 있고, 생시몽, 푸리에, 마르크스, 보들레르, 도미에, 위고 등과 같은 인물일 때도 있으며, 인간학적 허무주의, 인식론과 진보 이론, 인간학적 유물론과 같은 철학적 방법론일 때도 있다. 그런가 하면 패션, 파리의 거리, 조명 방식들, 복제 기술, 코뮌, 파리의 몰락과 같이 동일한 층위에 배치될 수 없는 것들도 병렬적으로 놓여 있다.

벤야민이 만들어낸 지도는 하나의 기준에 따라 분류되고 체계적으로 자리 잡아 전체 속에 통일성을 이루는 요소들로 구성된 것이 아니라, 낱낱의 작은 파편들이 각자의 고유한 색깔과 내용을 지니고 있으며, 동시에 19세기의 파리라고 하는 전체를 품고 있는 일종의 퍼즐 형태의 지도이다. 이 퍼즐은 그것을 손에 쥐는 사람에 따라 매번 다른 형상을 만들어낸다. 벤야민은 이것을 '문학적 몽타주'라고 불렀다. "문학적 몽타주. 말로 할 건 하나도 없다. 그저 보여줄 뿐."(『아케이드 프로젝트 I』, N 1a, 8)

Franz Kafka

Charles Baudelaire

Marcel Proust
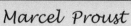

2장
다른 사람이 된다는 것

 우리는 왜 벤야민이 남긴 글을 읽고, 생각의 흔적을 추적하고, 그를 이해하기 위해 애쓰는 걸까? 한 가지 이유는 분명하다. 어떤 식으로든 그를 '사용'하기 위해서다. 그의 개념을 차용하기 위해서, 그의 방법론으로부터 힌트를 얻기 위해서, 그리고 삶이나 글쓰기에서 그가 보여준 태도와 방식을 배우기 위해서 우리는 '그'를 읽는다. 이러한 의도를 갖고 우리는 각자의 방식으로 벤야민의 어떤 '일부'를 절단하고 채취하여 우리 것으로 만들 수도 있을 것이다. 때로는 내가 하고 싶은 말을 그가 대신해준 듯한 느낌 때문에 손뼉을 치기도 할 것이고, 또 때로는 어쩐지 생각의 아귀가 딱 맞아떨어지지 않아 조금 개운치 않은 느낌 때문에 고개를 갸웃거리기도 하면서.

  벤야민을 '사용'할 때 우리가 맛보게 될지도 모를 조금 개운치 않은 느낌은 적어도 두 가지 의문에서 비롯된다. 하나는 내가 그를 제대로 이해했는가라는 것이고, 다른 하나는 그가 남긴 다양한 글과 방법론과 실험들 중에서 어느 특정한 부분에만 시선을 고정해도 괜찮은 걸까, 즉 그를 지나치게 협소하게 만드는 것은 아닐까 하는 의심이다. 벤야민 자신이라면 어땠을까?

단언컨대, 그라면 이런 식의 고민을 하지는 않았을 거다. 실제로 그는 자기 앞에 있는 누군가 혹은 누군가가 쓴 텍스트를 최선을 다해 자신의 것으로 만들고, 그것을 통해 이전의 자기 자신과 다른 존재로 변화하는 데 힘을 쏟았을 뿐이다.

이를테면 그가 프루스트에 대해 이야기할 때, 정작 프루스트를 이해하는 데는 관심을 두지 않았다. 다시 말해 자신이 이해한 프루스트가 얼마나 진짜 프루스트에 가까운지, 또는 프루스트의 '의도'에 얼마나 가깝게 다가갔는지는 그의 주요 관심사가 아니었다. 세상에는 수많은 프루스트들, 즉 프루스트에 관한 글들이 있고, 모두들 자신의 의견이 가장 정확하게 프루스트를 이해한 것이라고 주장하곤 한다. 하지만 이보다 더 중요한 점은 지금 내게 프루스트가 '필요하다'는 것이고, 그 필요의 방향과 목적, 크기와 의도만큼 프루스트를 '사용'하는 것이다. 그리고 어쩌면 더욱더 중요한 점은 스스로 프루스트 속으로 들어가 그가 되어봄으로써 다른 자신을 체험해보는 것, 그리하여 벤야민도 프루스트도 아닌 새로운 무엇인가를 창안하는 것이 아닐까.

0. 되기, 변신과 공생

벤야민이 누군가에 대해 공부하고 그것을 자기 것으로 만드는 방식은 그 대상과의 거리를 철저하게 지워버리는 거였다. 그것은 자신이 공부하는 대상을─그 대상이 누구 혹은 무엇이든 간에─이미 갖고 있는 기존의 지식이나 편견 속으로 데려오는 방식이 아니라, 그 자신이 대상 쪽으로 이동하고 스며드는 식으로 이루어졌다. 즉 다른 누군가 혹은 무엇인가가 '되는 것'이 그의 공부법이었다.

'되기'는 서로 다른 것들 사이에서 어떤 유사성을 발견하거나 하나가 다른 하나를 모방하는 식으로 이루어지지 않는다. 들뢰즈와 가타리가 『천의 고원』에서 말한 바에 따르면, '되기'는 유사성도 모방도 동일시도 아니다. 나아가 진화와 관련된 것도 아니다. 오히려 '되기'는 서로 다른 것들의 결연 관계 속에서 이루어지며, 이를 통해 다양한 이질성들이 공생할 자리를 만들어내는 과정에 가깝다. 그들이 '되기'를 이야기할 때, 그것은 고정된 주체의 자리를 지우는 방식을 의미했고, 이를 통해 남성-표준-중심-권력으로부터 원심력을 만들어내는 행위들과 연관된 것, 흔히 어찌할 수 없는 명백한 것으로 이해되는 세상의 권력과 위계에 저항하려는 의도를 갖고 있었다. 벤야민은 프루스트나 보들레르나 카프카를 공부할 때 바로 그러한 '되기'를 실천했다. 다시 말해 그들을 '자기화'시킴으로써 이해했던 것이 아니라, 본인 스스로 그들이 되는 방식으로 공부했던 것이다.

벤야민이 깊이 들여다보고 공부했던 프루스트·보들레르·카프카는 엄밀히 말하면 생물학적으로 남성-다수자의 범주에 속하지만, 또 다른 관점에서 보면 소수자이기도 했다. 프루스트는 귀족이나 상류층 부르주아들과 교분이 두터울 만큼 당시 사교계에서도 활발히 활동했지만, 사실 그 자신이 성소수자이기도 했으며, 생애 대부분의 시간을 만성질환으로 괴로워하며 보냈다. 프루스트는 자기 인생의 후반기를 침대 위에서 보냈다. 두꺼운 커튼으로 창을 가리고 코르크로 방음장치를 한 적막한 방 안, 자신의 침대 위에서 글을 쓰고 고치며 잠을 자고 꿈을 꾸었다. 이 작업은 자기가 속해 있는 부르주아 세계의 위선과 약점을 드러내면서 지배계급과 주류 사회의 반대편에 서 있는 소수자들의 존재를 은밀히 보여주는 방식으로 진행되었다. 프루스트 자신의 이야기이기도 한 『잃어버린 시간을 찾아서』는 동성애자, 여성, 어린이, 유대인 등 소수자들의 언어가 범람하는 장소였다. 그는 글을 쓰는 매 순간 자신이 만들어낸 인물들 편에서 소수자 되기를 실천했다.

혼히 상징주의 시인으로 일컫는 보들레르는 시대와의 불화를 글쓰기의 근거로 삼았고, 당대의 물질문명과 군중이 만들어내는 화려한 도시 풍경의 이면에 가려진 현실의 진면목을 발견하는 데 골몰했다. 그 역시 프루스트와 마찬가지로 사교계와 예술가들 사이에서 저명한 미술평론가로 이름을 날렸지만, 고독한 산책자의 길을 자청함으로써 스스로를 세상의 화려함으로부터 격리했고, 화려함 뒤에 숨어 있는 도시의 뒷골목 풍경과 그곳에 사는 사람들에게 자주 시선을 돌렸다. 룸펜 예술가였던 보들레르가 19세기 자본주의 세계와 프랑스 제2제정기의 정치적 후진성을 투명하게 드러낼 수 있었던 것은, 그가 노동과 일상적 삶의 규칙 바깥, 그리고 권력과 다수자들로부터 가장 멀리 떨어진 곳에 있고자 했기 때문이기도 하다.

어떤 점에선 가장 벤야민과 닮아 있는 카프카는 유대계 독일인 신분으로 체코의 프라하에 살면서 독일어로 글을 썼다. 게르만 독일어와 체코어 사이에서 카프카의 독일어는 그만의 독특한 문체를 만들어냈다. 그의 작품에는 언제나 소수자가 주인공으로 등장한다. 개와 두더지쥐와 같은 동물들, 단식 광대와 하인, 시골 사람과 하급 공무원들. 이러한 존재들은 언제나 우리를 불편하게 만드는데, 그 불편함을 통해 우리가 살고 있는 이 보통의 세계가 사실은 평범하지 않다는 것을 역설적으로 보여준다.

벤야민은 프루스트와 보들레르와 카프카의 작품 속에 나오는 인물들이 지닌 능력, 즉 감각과 기억을 고유한 방식으로 현재화하고, 사소하고 하찮은 사물과 사람들에게 시선을 돌리며, 신체의 한계를 극한으로 밀어붙이는 방식을 배우기 위하여 부단히 연습했다. 또한 그 안에서 자기만의 개념을 발굴하기 위해 노력했다. 그것은 타자를 자기화하는 동일시가 아니라, 완전히 서로 다른 개체들이 만들어내는 운동과 정지를 자기 안에 공생하도록 하는 것이었다. 벤야민은 프루스트와 보들레르와 카프카의 고유한 글쓰기 능력, 곧 '기억'을 발굴하여 펼쳐내거나, 도시를 '산책'하면서 베일 뒤에 감춰진 무엇인가를 찾아내거나, 세계를 '알레고리화' 하는 특이성을 발견했고, 그때마다 매번 스스로 다른 사람이 되는 경험을 해 나갔다. 다른 사람이 된다는 것은 존재의 변이를 실험하는 것, 이질적인 특성들로 자신을 구성하는 연습과 다르지 않다. 이것이 벤야민의 독특한 공부법 중 하나였다.

1. 기억의 발견 : 프루스트로부터

1927년, 벤야민은 독일의 한 출판사로부터 마르셀 프루스트의 『잃어버린 시간을 찾아서』를 번역해달라는 부탁을 받았다. 청소년 시절에 이미 이 소설에 깊이 빠져본 경험이 있던 터라 벤야민은 출판사의 요청을 흔쾌히 받아들였고, 이후 파리를 방문할 때마다 프루스트를 의식하지 않을 수 없었다.

벤야민에게 번역가란 일차적으로 "외국어의 수단을 통해 그 자신의 언어를 확대하고 심화"^{「번역가의 과제」, 332쪽}하는 존재를 의미하지만, 그가 프루스트를 번역한다고 했을 때 그 일은 언어적인 차원에만 국한되지 않았다. 프루스트와 벤야민 두 사람에게는 도시의 중산층 출신 아이들만이 맛볼 수 있는 공통의 경험치가 있었다. 그 장소가 파리와 베를린이라는 서로 다른 공간이었다는 점은 큰 문제가 아니었다. 벤야민이 『베를린 연대기』나 『1900년경 베를린의 유년시절』을 썼을 때, 그것은 『잃어버린 시간을 찾아서』의 마르셀을 베를린에 옮겨 놓은 것이나 다름없었다. 벤야민의 작업은 자신의 유년 시절과 프루스트의 그것을 포개는 것, 프루스트가 되어보는 실험의 일부와 같았다. 『잃어버린 시간을 찾아서』에서 엄마와 떨어지기 싫어 늦은 밤 어른들끼리의 파티를 원망하는 마르셀의 마음은 벤야민의 유년 시절에도 있었고, 도시의 거리 풍경과 공연 관람, 독서 체험과 놀이들, 부유하고 엄격한 아버지에 대한 존경과 두려움도 전혀 낯선 것이 아니었다. 무엇보다 한 인간이 자신의 지난 생애 전체를 떠올리게 되는 우연한 체험을 그들은 공유하고 있었다.

기억, 의지적이고 무의지적인

기억이란 무엇인가? 우리는 과거에 직접 체험했던 무엇, 또는 보고 듣는 방식으로 경험했던 무엇인가를 저장한 정보를 기억이라고 이해한다. 기억은 때때로 호출되고 회상되거나, 망각의 형태로 우리의 내부 어딘가 깊숙한 곳에 가라앉아 있다. 어떤 경우에도 경험과 기억은 그 자체로 사라지지는 않는다. 베르그송은 기억을 간단히 '과거 이미지들의 존속'이라고 정의하기도 했다.

어떤 기억은 우리의 현실에 영향을 끼칠 만큼 강력하다. 실패한 첫사랑의 기억 때문에 새로운 사람을 만나지 못하는 누군가에게 과거의 기억은 이미 과거가 아니라 현실이다. 그런데 우리의 기억은 언제나 과거 전체가 아니라 과거의 어떤 경험의 일부이고, 그것조차 선택적이거나 특정한 방식으로 조작되어 있는 경우가 많다. 홍상수 감독의 영화 〈오! 수정〉에서 확인할 수 있는 것처럼 사람마다 각자 동일한 사건을 기억하는 방식에는 차이가 있기 마련이다.

프루스트와 벤야민은 '잃어버린 시간을 찾아서'와 '베를린의 유년시절'이라는 이름으로 각자 자신의 과거를 호출하여 그 이미지를 글쓰기의 형태로 고정시켜 우리 앞에 펼쳐 놓았다. 그것은 단순히 과거의 어떤 순간을 불러내 기록한다는 차원을 넘어, 현재를 더욱 잘 이해하고 현실의 삶을 더 잘 살기 위한 하나의 방식이었다. 그들에게 '기억'이란 삶을 위한 하나의 에너지와 다르지 않았다.

프루스트의 『잃어버린 시간을 찾아서』는 '어느 날 오후의 홍차 한 잔과 마들렌의 맛'이라는 단순한 계기와 사소한 사건으로 시작되지만, 내용이 전개될수록 수많은 사건과 인물들이 만들어내는 한 시대의 풍속과 문화의 본질을 드러내며 거대한 이야기로 발전해 나간다. 프루스트는 이 한 편의 소설로 자신의 생을 풍부하게 살았고, 그것을 읽는 사람들에게는 삶의 여러 차원을 두텁게 제시했다. 프루스트의 기억 안에는 파리의 중산층 아이의 눈에 비친 도시인들의 생활 풍경과 역사적 사건들, 사교계와 연애, 예술과 학문, 전쟁과 군대 문제 등이 서로 얽히고설키면서 혼재해 있다. 따라서 그것은 한 개인이 간직한 기억의 축적을 넘어 한 시대의 풍속과 문화·역사의 활기를 우리 앞에 복잡한 지도처럼 펼쳐 보이는 진지한 것이 된다.

벤야민은 자기 식의 '잃어버린 시간을 찾아서'에 해당하는 『베를린 연대기』를 통해 유년기의 추억과 거기에 깃들어 있는 시대의 이미지를 복원했다. 프루스트의 이야기가 '어느 날 오후의 홍차 한 잔과 마들렌의 맛'에 힘입어 시작되듯, 벤야민의 이야기는 "삶에 대한 통찰이 번개처럼 일종의 영감과도 같은 힘으로"『베를린 연대기』, 197쪽 엄습했던 장소로 파리에서의 어느 날 오후를 떠올리는 것으로부터 시작된다. 그때 그의 앞에는 "개인적 인간관계, 친구 관계, 동료애, 열정, 연애 사건 등이 생생하면서도 아주 은밀하게 얽힌 형태"로 한꺼번에 모습을 드러냈고, 이후 그 통찰을 계기로 '내 삶의 지도를 도식으로 나타내보자'는 결심을 하게 된다.

한 잔의 홍차와 한 조각의 마들렌, 그리고 이로부터 촉발된 '무의지적 기억'이 프루스트를 거대한 소설의 세계로 안내했다면, 파리의 카페 '뒤 마고'에서 벤야민이 경험한 삶에 대한 통찰은 자신과 타인의 삶을 이해하는 데 유의미하게 작용했으며, 프루스트의 두꺼운 소설 속에 등장하는 다양한 인물의 의미를 해석하는 데도 중요한 실마리가 되었다. 벤야민은 묻는다. "다양한 사람들의 삶에서 근원적 친분 관계 중 직업과 학교, 친족 관계나 여행은 어떤 역할을 하는가? 특히 개인의 삶에서 저 많은 개별적 길이 생성되는 어떤 은밀한 법칙 같은 것이 존재하는 것인가? 어떤 길이 삶에서 빨리 나타나고, 어떤 길이 늦게 나타나는 것인가? 어떤 길이 우리 삶이 다할 때까지 지

속되고 어떤 길이 소멸되는가?" 「베를린 연대기」, 199쪽 벤야민은 이 질문들에
대한 답을 자기 삶의 지도로 도식화하고 싶다는 욕망에 사로잡힌다.
그는 자신이 살면서 맺어온 다양한 관계를 수많은 입구와 출구가 복
잡하게 얽히고설킨 미로처럼 그려보았고, 그 관계들의 역할을 이해
하고 법칙을 발견함으로써 자기 앞에 놓인 삶의 길잡이로 삼고자 했
다. 하지만 몇 해가 지난 뒤 그는 초고 상태의 이 지도를 잃어버렸
다. 대신, 우연한 기억으로부터 촉발된 생의 경험을 거대한 이야기의
형태로 바꿔낸 프루스트에 몰두함으로써, 한 인간이 자기 자신은 물
론이고 자신을 둘러싼 한 시대의 과거를 기억하고 기록하는 독특한
방법을 배운다.

벤야민에게 프루스트는 매력적인 존재였다. 벤야민은 프루스트
와 자신 사이에 있는 어떤 경험의 유사성 때문에 친밀감을 느꼈고,
프루스트의 작품이 만들어낸 방대한 이야기의 무게와 대단한 성과에
경탄했다. 벤야민이 보기에 프루스트의 『잃어버린 시간을 찾아서』는
"구성하기 힘든 어떤 종합의 결과"였으며, "허구적 이야기와 자전적
사실, 그리고 해설이 하나가 되어 있는 구조에서 시작해서 끝을 모르
는 문장의 구문에 이르기까지 모든 것이 규범을 벗어나" 「프루스트의 이미지」,
102쪽 있었다. 『잃어버린 시간을 찾아서』는 그 시대의 가장 위대한 업
적 중 하나였고, 프루스트는 건강하지 못한 여러 상황과 조건(이를테
면 이상스러운 병, 엄청난 부, 비정상적인 성벽)에도 불구하고 마침내 완성했
다. 벤야민은 프루스트의 이 작업을 "시와 삶 사이에 걷잡을 수 없이

커가고 있는 간극이 획득할 수 있었던 최대의 인상학적 표현"같은 글,
103쪽이라고 평가한다.

벤야민이 프루스트에게서 배운 바가 있다면, 그것은 다른 무엇보
다 '기억'을 펼쳐내는 독특한 방식이었다. 벤야민은 프루스트가 자신
에게 "실제로 일어났던 삶이 아니라 삶을 체험했던 사람이 바로 그
삶을 기억하는 방식으로 삶을 기술"했다고 말한다. 그것은 곧 프루스
트가 자신이 체험했던 내용이 아니라 그 "체험의 기억을 짜는 일, 다
시 말해 회상하는 일"에 몰두했고, "기억이 씨줄이고 망각이 날줄이
되고 있는 무의지적 회상"같은 글, 103쪽에 기대 글을 썼다는 의미이다.
무엇인가를 기억하고 그것을 다시 불러내기 위해 이성과 의지의 작
용이 필요하다면, 무의지적 기억 혹은 무의지적 회상은 그 반대이다.
그 때문에 벤야민은 프루스트의 '무의지적 기억'이 오히려 망각에 가
깝다고 말한다.

> 왜냐하면 여기서는 밤이 짰던 것을 낮이 풀고 있기 때문이다. 매
> 일 아침 잠에서 깨어나게 되면 우리는 대부분 약하고 느슨한 몇
> 몇의 조각 속에서 망각이 우리들 속에서 짰던 이미 체험한 삶의
> 양탄자를 갖게 된다. 그러나 낮이 시작되면 우리는 언제나 목적
> 과 결부된 행동을 하게 되고 또 그 위에 목적에 맞게 기억을 하
> 게 됨으로써 망각이 밤새 짰던 직물과 장식은 해체된다.
>
> ──「프루스트의 이미지」, 103쪽

무의지적 기억은 우리의 이성이 의식적으로 떠올리는 특정한 기억의 형태와 다르다. 그것은 우연히 부지불식간에 우리의 눈앞에 선명한 이미지로 나타난다든지, 이성의 힘으로 선택하거나 제어할 수 없는 이미지로 나타난다. 이성에 의해 목적에 결부된 행동을 하는 낮동안의 기억은 그 자체로 목적에 맞게 선택되기 마련이지만, 무의지적 기억은 이성과 목적이라는 그물에 걸리지 않고 기억의 깊은 안쪽에 자리 잡고 있다가 어떤 계기로 인해 계통 없이 불쑥 나타남으로써만 그 존재를 확인할 수 있다. 프루스트에게 그 무의지적 기억이란 "지성의 영역 밖, 그 힘이 미치지 못하는 곳에, 우리가 꿈에도 생각하지 못했던 어떤 물질적 대상 안에 숨어"『잃어버린 시간을 찾아서 1』, 65쪽 있는 것이었다. 그는 이것을 의지적인 기억과 대치시킨다.

> 회상에 있어 콩브레는 마치 얇은 한 개의 계단으로 이어진 2층에 지나지 않았던 것 같기도 하고, 콩브레에는 마치 저녁 7시 시각밖에 없었던 것 같기도 하다. 사실을 말하자면, 묻는 이가 있다면, 콩브레에는 다른 것도 다른 시간도 있었다고 나는 대답할수 있으리라. 하지만 그런 것은 단지 의지에 의한, 의지의 기억에 의해 회상되는 것이며, 그 기억이 주는 정보는 참된 과거를 무엇 하나 간직하고 있지 않기 때문에, 그것에 의지해 콩브레의그 밖의 것을 생각하고 싶은 마음을 결코 갖지 않았으리라.
>
> —『잃어버린 시간을 찾아서 1』, 64~65쪽

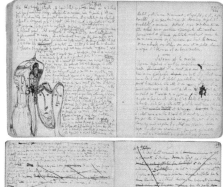

마르셀 프루스트와 『잃어버린 시간을 찾아서』 육필 원고

프루스트는 한 편의 소설 작품을 통해 자신의 전 생애를 기억하고 드러내는 일에 집중했다. 하지만 그 일의 목표는 작가 자신의 삶을 이야기하는 데 있지 않았다. 그는 이렇게 말한다. "나의 책은, 콩브레의 안경점 주인이 손님 앞에 내놓는 확대 유리알과도 같이 일종의 확대경에 지나지 않아. 나의 책은 그 덕분에 그들 자신을 읽는 방편을 내가 제공해주는 구실을 한다."(『잃어버린 시간을 찾아서 11』, 478쪽)

의지적인 기억이란 이성의 의지로 과거의 무엇인가를 떠올리려는 노력에 힘입어 회상되는 기억이다. 프루스트에게 그것은 '과거에 대한 참된 정보가 간직되어 있지 않은' 것이기 때문에 진실이 아니다. 의지적 기억에 따른 회상에도 과거는 있지만 그것은 의미 없는 시공간의 배열일 뿐이다. 그에게 의미 있는 과거 및 참된 정보가 보관되어 있는 과거의 기억은 자신의 신체와 마음·감각들이 외부 세계와 진심으로 교감했던 경험 속에 있다. 어른들의 모임이 시작되는 저녁 7시에 어머니와 나누는 밤 인사를 포기하고 홀로 2층 침실에 올라갈 때 밟았던 계단의 감각, 그때 느꼈던 슬픔과 외로움의 감정은 어린 프루스트(혹은 마르셀)에게 콩브레에서의 다른 시간 혹은 콩브레가 아닌 다른 장소들과는 비교할 수 없을 만큼 강력하고 진심 어린 것이었다.

기억은 불쑥 떠오른다. 그리고 눈앞에 하나의 이미지로 펼쳐진다. 프루스트는 그것을 일관된 방식으로, 이를테면 연대기적인 방식으로 서술하지 않았다. 하나의 사건은 또 다른 사건으로 비약하고, 하나의 이미지는 또 다른 이미지로 이동한다. 프루스트의 욕망은 과거의 전체 상을 재현하는 데 있지 않았다. 그가 하고자 했던 것은 특정한 시간과 장소가 하나의 이미지로 불쑥 떠오르는 모습을 있는 그대로 바라보는 것, 그곳에서 벌어졌던 사건을 보이는 그대로 말하는 것이었다. 자신이 체험한 과거로부터 일정하게 떨어진 위치에서 그것들을 대할 때만이 과거를 왜곡하지 않고 참된 과거를 불러내는 방법이라고 그는 믿었다. 벤야민은 프루스트가 한결같이 견지했던 무의지적 기억이 "성찰이 아니라 과거의 일들을 현재 속에 생생히 떠올리는 방식"이며, 『잃어버린 시간을 찾아서』는 하나의 전 생애를 최대한의 집중력을 가지고 현재 속에서 포착하려고 한 부단한 시도" 「프루스트의 이미지」, 114쪽라고 보았다.

벤야민은 '기억'이 "과거를 탐색하는 도구가 아니라 과거가 펼쳐지는 무대"「베를린 연대기」, 191쪽라고 말함으로써 프루스트가 과거를 취급하는 방식에 동의했다. 그들에게는 "죽은 도시들이 묻혀 있는 매개체가 땅인 것처럼, 기억은 체험된 것의 매개체"같은 책, 191쪽였다.

벤야민은 베를린에서 보낸 자신의 유년 시절을 회상하며 프루스트의 방법을 실험했다. 그의 눈앞에는 베를린의 거리들, 전승기념탑, 전화기, 찬장, 수달, 글자상자, 오락서적, 책상, 거지와 창녀, 겨울철의 어느 저녁, 여행과 귀환, 꼽추 난쟁이 등이 계통 없이 나타났다가 사라졌고, 이것들은 그에 의해 문장의 형태로 정박되었다. 무작위로 호명된 각각의 이미지와 사건들은 파편적이지만, 그럼에도 불구하고 '베를린의 유년 시절'이라고 하는 더 큰 사건 혹은 이야기 속에서 자연스럽게 자리 잡는다. 프루스트의 이야기들이 독립적으로 자기 목소리를 내면서도 '잃어버린 시간'이라는 커다란 사건의 모자이크화 속에 하나의 파편들로 자리 잡고 있듯이. 프루스트의 말을 빌리자면 "과거의 환기는 억지로 그것을 구하려고 해도 헛수고요, 지성의 온갖 노력도 소용없다. 과거는 지성의 영역 밖, 그 힘이 미치지 못하는 곳에, 우리가 꿈에도 생각하지 못했던 어떤 물질적인 대상 안에(이 물질적 대상이 우리에게 주는 감각 안에) 숨어 있다. 이러한 대상을, 우리가 죽기 전에 만나거나 만나지 못하거나 하는 것은 우연에 달려 있다."『잃어버린 시간을 찾아서 1』, 65쪽 우연은, 프루스트가 마신 한 잔의 홍차나 벤야민이 파리의 카페에서 경험했던 어떤 시간에 의해 촉발된 '무의지적인 기억'과 연결되고, 순식간에 과거의 어떤 순간을 현재로 끌어당겨 하나의 선명한 이미지로 펼쳐낸다.

프루스트가 어떤 기억을 호출하는 방식(벤야민은 이를 '무의지적 기억'이라고 불렀다)은 홍차와 마들렌의 예에서 볼 수 있듯이 우연한 사건으로부터 촉발된다. 그 우연한 사건이 불러온 과거의 이미지들을 프루스트는 꼼꼼하고 세심하게 묘사해 나갔다. 베르그송에 따르면 우리의 기억은 우발적인 것과 의지적인 것의 두 가지로 나누어 볼 수 있는데, 우발적 기억은 습관의 기억과는 무관하며 현재의 지각을 돕는 것과는 다른 용도를 갖는다. 이를테면 꿈의 이미지들과 같은 것이 우발적 기억과 연관된다. 그것들은 보통 우리의 의지와 무관하게 나타났다가 사라진다. 이때 우발적 기억은 "획득된 기억 뒤에 숨어 있다가 갑작스러운 섬광들에 의해 드러날 수 있다."『물질과 기억』, 152쪽

벤야민은 습관과 반복에 따른 기억들이 특정한 방식으로 그것을 보존하는 한 그 안에 과거의 진정한 모습이나 진실은 온전히 보존되기 힘들다고 보았다. 그는 프루스트가 평소에는 의식하지 못했던 자신의 과거를 우연한 사건으로 인해 온전히 펼쳐 보이고 그 과정에서

시대의 풍속과 역사를 은근히 드러낼 수 있었던 점에 착안하여 우발적 기억 혹은 무의지적 기억의 가능성에 주목했다.

역사, 과거의 이미지들

기억을 사용하는 프루스트의 방식이 우발적으로 떠오른 과거의 이미지들을 현재화하는 것에 가까웠다면, 벤야민이 과거의 이미지를 포착하고자 했을 때 그것은 현실에 대한 면역 혹은 미래에 대한 경고를 내포했다. 1932년 『1900년경 베를린의 유년시절』을 출판할 무렵에 벤야민은 자신이 "태어난 도시와 꽤 긴, 아마 영원한 이별을 하지 않으면 안 되리라는 사실"을 예감했다. 그때 그는 망명 시절에 가장 강하게 향수를 불러일으킬 만한 이미지들을 의도적으로 불러내는 일종의 '예방접종 조치'를 취했는데, 그것은 자신이 불러낸 유년 시절의 이미지들을 문장의 형태로 기록하는 일이었다. 그는 이 작업을 단순히 개인적인 경험을 기록하는 데 그치지 않고, 자기 시대의 보편적 삶의 형태와 연결지음으로써 역사성을 부여하고자 했다. 그뿐 아니라 "지나간 과거를 개인사적으로 돌이킬 수 없는 우연의 소산으로 보는 것이 아니라, 사회적으로 돌이킬 수 없는 필연적인 것으로 통찰"하고자 했고, 시민계급의 한 아이 안에 침전된 대도시 경험의 이미지들을 붙잡으려 노력했다. 벤야민은 이렇게 말했다.

나의 대도시 유년 시절의 이미지들은 아마 미래의 역사적 경험
을 미리 형상화할 수 있는 능력을 갖게 될 것이다. 적어도 나는
다음 이야기의 중심에 있는 사람이 유년 시절에 그에게 주어졌
던 안전을 훗날 얼마나 철저히 빼앗기게 되는지를, 그 이미지들
을 보여주기를 바란다.

— 『1900년경 베를린의 유년시절』, 34쪽

　여기서 벤야민이 유년기의 기억을 호출하는 방식은 어쩌면 프루
스트의 그것과 정반대 방향에서 이루어지는 것, 즉 '의지적 기억'에
의한 것인지도 모른다. 하지만 그는 자신의 눈앞에 떠오른 과거의 어
떤 이미지들을 특정한 방식으로 배열하거나 연대기적으로 배치하는
방식으로 회고하지 않았다.

　그가 호출한 과거의 경험과 이미지들은 어떤 면에선 무작위적이
고 무질서했다. 그것은 때때로 건축물이나 거리의 이름일 때도 있고,
질병일 때도 있으며, 장난감과 놀이에 관한 것일 때도 있고, 어떤 사
람에 관한 것일 때도 있다. 벤야민은 이 이미지들이 내포한 고유성
들, 그의 유년기에 그것들과 만났던 특정한 방식과 사건과 느낌을 최
대한 온전히 보여주기 위해 노력했다. 그 결과 각각의 이미지는 고유
성을 최대한 잃어버리지 않으면서도 벤야민이 경험한 '베를린의 유
년 시절'이라는 큰 경험의 장場 속에서 조화롭게 자리 잡는 방식으로
존재하게 되었다.

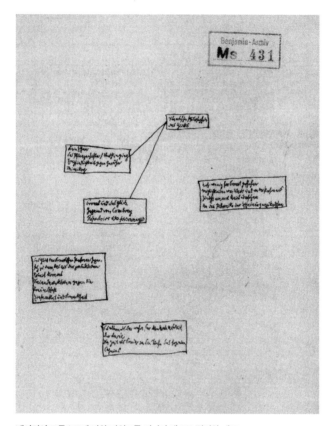

벤야민이 프루스트에 관한 키워드를 이미지 맵으로 정리한 메모

벤야민은 하나의 주제에 대한 파편적인 사유를 적은 메모를 이미지의 형태로 배치하면서 '사유의 별자리'를 즐겨 그리곤 했다. 몇 개의 단어나 짧은 구절들로 구성된 생각의 단편들은 하나의 선분으로 연결되거나 각자 독립적인 위치에 놓인다. 그는 대상을 체계화하고 도식화하고 목록화하는 기존의 일반적 연구 방식을 전혀 따르지 않았다.

이러한 과정을 통해 벤야민이 궁극적으로 의도했던 바, 망명 시절에 겪게 될지도 모를 향수에 대한 예방 조치와 더불어 성인이 된 그가 전쟁과 파시즘의 광풍으로 철저하게 빼앗기게 된 유년 시절의 안전에 대해 투명하게 보여줄 수 있었던 것이다. 『1900년경 베를린의 유년시절』에서 그가 기억하고 있는 모든 장소는 "앞으로 다가올 것들의 흔적들"을 담고 있다. 그것들은 모두 과거로부터 섬광처럼 나타나 어떤 이미지로 표현되는데, 벤야민은 그것을 훗날 역사의 이미지로 연결했다.

역사에 대한 벤야민의 관점은 『아케이드 프로젝트』 속의 항목들과 방법론 속에서 선명하게 드러난다. 벤야민이 19세기 파리의 모습 속에서 자본주의의 원-형상을 추적하는 '아케이드 프로젝트'를 기획했을 때 이미 프루스트의 방식을 염두에 두고 있었다. "오래전부터 나는 일찍 잠자리에 들어왔다"는 문장으로 시작되는 『잃어버린 시간을 찾아서』의 첫 부분은 무엇인가를 회상하고 추억하고 상기하는 고독한 시간을 이야기하기 위한 것, 비몽사몽을 벗어나 완전히 잠에서 깨어나는 상태를 말하기 위한 장치이다. 벤야민은 역사를 서술하는 유용한 방식으로 바로 이것을 차용했다. 그는 『아케이드 프로젝트』의 「인식론, 방법」 파트에서 이렇게 말한다.

프루스트가 자기의 인생 이야기를 잠에서 깨어나는[각성] 장면부터 시작하는 것과 마찬가지로 모든 역사 기술은 깨어나는 것[각성[에서부터] 시작해야 한다. 다른 것은 일절 다뤄서는 안 된다.
따라서 이 『아케이드 프로젝트』는 19세기로부터의 각성을 다룰
것이다. —『아케이드 프로젝트 I』, N 4, 3

벤야민이 '깨어나는 것', 즉 각성을 역사 서술의 핵심으로 바라보
고 있다는 점은 매우 중요하다. 역사는 억압과 불편으로부터 벗어나
더 나은 삶을 향한, 각성한 인류의 활동으로 만들어져왔다는 생각이
그의 역사 인식에 핵심적으로 자리 잡고 있기 때문이다. 역사란 한두
명의 영웅이나 권력을 가진 자들의 명령에 따라서 만들어져온 것이
아니라, 자신과 공동체가 처한 상태에 대해 끊임없이 질문하고 고비
마다 난관을 극복하기 위해 애쓰는 수많은 사람들의 피와 땀으로 만
들어진다. 역사는 단순히 지나간 과거의 축적물이 아니며, 그것을 통
해 지금-여기에 펼쳐지는 삶의 진면목을 발견할 때 의미가 있다. 벤
야민은 지나간 역사 속에서 인간들이 어떤 계기를 통해 잠에서 깨어
나고 현실을 바꾸기 위해 어떤 노력을 경주했는지 추적하고자 했다.
그에게 "억압받는 자들의 전통은 우리가 그 속에 살고 있는 '비상사
태'가 상례임"「역사의 개념에 대하여」, 336~337쪽을 보여준다는 점에서 의미가 있
다. 지금까지 살아온 그대로의 삶, 즉 역사의 연속성을 폭파하는 것
으로서 혁명은 각성된 인간과 투쟁하는 피지배계급만이 해낼 수 있
는 일이기 때문이다.
　벤야민이 역사를 바라보는 유의미한 틀로써 프루스트를 염두에

둔 것은 역사를 연속성의 관점에서 연대기적으로 서술하는 일반적인 역사가들의 방식에 반대하며, 역사를 통해 현재를 풍부하게 인식하고 싶었기 때문이다. 하지만 "과거의 진정한 이미지는 휙 지나간다. 과거는 인식 가능한 순간에 인식되지 않으면 영영 다시 볼 수 없게 사라지는 섬광 같은 이미지로서만 붙잡을 수 있다."「역사의 개념에 대하여」, 333쪽 과거를 고정된 사실로 인식하고 시간의 연속 과정에서 서술하는 것이 아닌, 빠른 속도로 움직이는 '이미지'로 인식한다는 것은 역사를 "구성의 대상"으로 바라보고 있다는 뜻이며, 이때 역사가 구성되는 장소는 "균질하고 공허한 시간이 아니라 지금시간(Jetztzeit)으로 충만된 시간"같은 글, 345쪽으로 바라본다는 의미이다. 벤야민이 볼 때, 역사가 의미 있는 것이라고 한다면 그것은 축적된 과거의 사실들이기 때문이 아니라 현재를 새롭게 바라볼 수 있는 시각으로 지금-여기의 삶에 간섭하기 때문이다.

프루스트는 그 '휙 지나가는 이미지'의 과거를 붙잡아 정지시키는 방법을 벤야민에게 알려주었다. 그것은 이지적 노력에 따른 것이 아니라 무의지적이고 우연한 사건과도 같이 불쑥 떠오르는 기억을 이미지의 형태로 아주 순간에 정지시키는 것이다. 그리하여 그것은 시간의 연속으로부터 탈락된 파편적 이미지들을 통해 과거의 진정한 모습을 보여준다.

기억의 퍼즐을 맞추는 방식

중요한 것은 과거를 기억하는 방식이다. 그리고 그것을 통해 현재를 새롭게 해석하고 미래의 삶을 위해 어떤 실천의 근거를 마련하는 일이다. 벤야민의 관심사는 거기에 있었고, 의지적이고 습관적인 혹은 지성의 힘에 의해 배제되거나 괄호 쳐진 것들을 생생하게 호출할 수 있는 능력을 프루스트로부터 발견했다.

바로 여기서 핵심은 프루스트가 과거를 회상했다는 것 자체가 아니라, 그것을 통해 어떤 종류의 각성에 도달했다는 점이다. 그것은 프루스트가 '신체의 무의식적 기억'이라고 부른, 어떤 감각에 가해진 충격에 의해 불려나온 과거의 이미지들에서 얻은 것이었고, '과거를 현재로 파고들게 하는' 것이자, "과거에도 현재에도 동시에 공통되고, 과거와 현재라는 두 가지보다 훨씬 본질적인 무엇"『잃어버린 시간을 찾아서 11』, 257쪽을 발견했다는 의미이기도 하다.

> 그러나 어쨌든 구름, 삼각형, 종탑, 꽃, 조약돌 같은 것의 심상을 나는 응시하면서, 그 형상 뒤에, 내가 애써 발견해야 할 전혀 다른 그 무엇이 있을 게 틀림없다. 언뜻 보기에 구체적인 것의 형태만 나타낸 것 같은 저 상형문자처럼, 아마도 그 형상 뒤에는 거기에서 번역될 어떤 사념이 있는 게 틀림없다고 느꼈던 것이다. 물론 그런 판독은 힘들지만 그것만이 어떤 진리를 읽게 할

수 있었다. 왜냐하면 이지理智가 백일하에서, 직접 명료하게 포착하는 진리란, 인생이 어떤 물질적 인상에 의해서 모르는 결에 우리에게 전해준 진리에 비해 훨씬 깊이가 없는, 훨씬 필연성이 없는 것을 가지고 있기 때문이다. 요컨대 어느 경우에나, 그것이 마르탱빌 종탑에서의 전망이 준 것과 같은 인상이건, 또는 두 걸음걸이의 불균형이나 마들렌의 맛 같은 무의식적 기억이건, 어쨌든 그러한 경우에는, 사색해보려고 애쓰면서 감각을 그것과 같은 법칙 같은 사상을 사진 형상으로 번역하도록, 곧 자기 속에서 솟는 감각을, 어둑한 곳으로부터 나오게 하여, 그것을 어떤 정신적 등가물로 전환하도록 노력하지 않으면 안 되었다. 그런데 나에게 유일한 것으로 여겨지는 그 방법은, 예술 작품을 창작하는 일이 아니고 무엇이겠는가?

— 『잃어버린 시간을 찾아서 11』, 265~266쪽

프루스트의 눈에 보이는 것은 구름, 삼각형, 종탑과 같은 구체적인 사물이다. 하지만 이러한 사물들 뒤에 감추어진 어떤 사념을 발견해내는 일이 중요한데, 프루스트는 이 작업만이 어떤 진리를 읽게 할 수 있다고 믿었다. 왜냐하면 눈으로 명료하게 포착된 사물 그 자체는 그것의 인상이 우리에게 전해준 진리에 비해 훨씬 깊이와 필연성이 없기 때문이다. 그래서 그는 사물로부터 받은 인상이나 무의지적 기억을 자기 속에서 솟아나온 감각과 느낌으로 결합하여 하나의 '사진 형상', 즉 이미지로 번역하기로 마음먹는다. 화자에게 그것은 예술 작품을 창작하는 일이나 다름없다. 그가 어느 날 문득 우연히 떠오른 기억의 파편과 그 속에 담긴 진리를 발견하면서 받은 충격은 곧장 자기 안에 숨어 있는 작가의 역량을 각성하는 것, 삶의 문턱 하나를 넘어서 새로운 존재가 되는 것으로 연결된다. 이것이 이 방대한 이야기가 궁극적으로 도달한 장소이며 의미이다.

프루스트의 이야기가 그 자신을 예술가로 향하는 각성으로 이끌었다면, 벤야민이 프루스트의 무의지적 기억과 진리를 내포한 이미지의 펼침을 역사 서술의 방법으로 끌어왔을 때 그것은 '변증법적 이미지'와 역사의 주체인 '억압받고 투쟁하는 계급 자신의 각성'으로 연결된다. 벤야민은 모든 역사 기술이 깨어나는 것에서부터 시작해야 된다면서, 이 때문에 "사적유물론자는 역사의 서사적 요소를 포기하지 않으면 안 된다"고 말한다. 역사가는 특정한 시대, 특정한 삶, 특정한 작품으로 역사를 구성해야 한다는 것이다. 벤야민은 역사적 유물론자가 공허한 연대기적 시간을 거부하고 '역사의 연속성'을 폭파해서 그 시대로부터 무엇인가를, 즉 "그 시대로부터 삶을, 그리고 그 생애로부터 한 작품을 끄집어내는 것"을 목표로 삼아야 한다고 말한다. 이러한 구성을 통해서만 "한 작품 속에 필생의 업적이, 필생의 업적 속에는 한 시대가, 그리고 한 시대 속에는 전체 역사의 진행 과정이 보존되고 지양"[「역사의 개념에 대하여」, 348쪽]되기 때문이다.

벤야민이 변증법적 이미지를 이야기하고 공허한 역사의 연속성을 폭파해야 한다고 했을 때, 그 속에는 두 가지 의미가 포함되어 있다. 한 가지는 "역사는 항상 동일하다는 견해, 반복에 불과하다는 가상을 쫓아버리는 것"「아케이드 프로젝트 I」, N 9, 5이고, 또 다른 하나는 "진보는 시대의 경과의 연속성이 아니라 그러한 연속성에 대한 간섭"같은 책, N 9a, 7에 있다는 것을 깨닫는 일이다. 그에게 역사란 동일한 것의 무한 반복도 아니고, 폭주하는 기관차처럼 끊임없이 전진하는 것도 아닌, 매순간 그때그때 일보 앞으로 나아가는 방식으로만 이루어진다. 무한 반복과 폭주를 정지시키는 것, 즉 '진정한 비상사태'를 도래시키는 역사의 주체를 호명하는 것이 그의 목적이다. 혁명, 그것은 "투쟁하는 피지배계급 자신"의 역사를 통한 각성으로부터 시작된다. 1830년의 7월 혁명(구제도로 복귀하려는 샤를 10세를 몰아내고 루이 필리프를 새로운 국왕으로 추대한 프랑스의 부르주아혁명)의 첫날 밤, 아무런 관련도 없이 동시에 시계탑에 총격이 가해졌을 때, 그것은 역사의 진행을 정지시키고 "지금시간(Jetztzeit)으로 충만된 시간"「역사의 개념에 대하여」, 345쪽 속에서 삶을 다시 시작하고자 하는 민중의 열망을 담은 몸짓이었음을 벤야민은 놓치지 않았다.

그런 점에서 벤야민에게 "과거를 역사적으로 표현한다는 것은 그것이 '원래 어떠했는가'를 인식하는 일을 뜻하는 것이 아니다. 그것은 위험의 순간에 섬광처럼 스치는 어떤 기억을 붙잡는다는 것을 뜻한다."같은 글, 334쪽 어떤 기억, 즉 과거를 붙잡아 자기 것으로 만든다는 것은 지나간 과거를 각성의 계기로 삼는다는 것, 역사를 통해 현재

장 빅토르 슈네츠, 〈1830년 7월 28일 시청 앞 전투〉

1830년 7월 혁명의 기간에 일어났던 하나의 돌발적 사건은 새로운 시간을 시작하겠다는 시민들의 열망을 상징적으로 표현한 것이었다. 벤야민은 「역사의 개념에 대하여」에서 이 사건을 증언하는 시의 한 구절을 인용했다. "누가 믿을 것인가! 사람들 말로는 시간에 격분하여 / 새 여호수아들이 모든 시계탑 밑에서 / 그날을 정지시키기 위해 시계 판에 총을 쏘아댔다고 한다."

의 상태를 인식하고 삶이 비약할 수 있도록 실천한다는 의미이다. 그럴 때만 역사는 균질하고 공허한 시간이 아니라 "지금시간으로 충만된 시간"이 된다. 이때 과거와 현재는 인과적 선후와 우열이 존재하지 않는 새로운 관계의 선분 속에서 새로운 관계를 만들어낸다. 벤야민에 따르면 그것은 "과거가 현재에 빛을 던지는 것도, 그렇다고 현재가 과거에 빛을 던지는 것도 아니다. 오히려 이미지란 과거에 있었던 것이 지금과 섬광처럼 한순간에 만나 하나의 성좌를 만드는 것을 말한다."『아케이드 프로젝트 I』, N 2a, 3 이것이 바로 그가 『아케이드 프로젝트』의 방법론적 개념으로 창안한 '변증법적 이미지'의 의미이다.

벤야민은 변증법적 이미지를 표현 방식으로 삼는 역사유물론적 관점에서 역사를 바라보았다.

유물론적 역사 기술의 파괴적 또는 비판적 계기는 역사적 대상이 비로소 구성될 수 있도록 해주는 역사의 연속성을 분쇄하는 데서 진가를 발휘한다. 실제로 역사의 연속적 흐름 속에서 역사의 하나의 대상을 겨냥하는 것은 불가능하다. 실제로 역사 기술은 안이하게 태곳적부터 역사의 연속적 흐름에서 대상을 골라내는 방법을 사용해왔다. 그러나 거기에 원칙 같은 것이 있을 리없었고, 궁여지책에 불과한 것이었다. 그리고 언제나 대상을 감정이입을 통해 새롭게 만들어낸 연속성 속에 편입시키려는 생각뿐이었다. 이에 반해 유물론적 역사 기술은 대상을 무작위적으

로 선택하지 않는다. 대상을 붙잡는 것이 아니라 흐름에서 떼어
낸다. 준비 작업도 훨씬 폭넓게 이루어지고, 사건은 훨씬 더 본
질적인 것이다.　　　　　　　　　　—『아케이드 프로젝트 I』, N 10a, 1

　　기존에 역사를 바라보는 관점, 다시 말해 역사주의적 관점은 역
사를 하나의 연속적 흐름으로 파악했다. 또한 시간의 흐름에 따라 역
사가 축적되는 것으로, 시간상 후대에 해당하는 역사가 그 앞 시대보
다 진보한 것으로 바라본다. 시간의 흐름에 따라 인류의 기술과 지식
이 진보하며 그 자체가 인류의 진보를 의미한다고 보는 이러한 관점
은 "역사가 균질하고 공허한 시간을 관통하여 진행해 나간다는 생각
과 분리될 수 없다."「역사의 개념에 대하여」, 344쪽 이 때문에 역사주의적 방법은
"균질하고 공허한 시간을 채우기 위해 사실의 더미를 모으는 데 급
급하다. 유물론적 역사 서술은 이와는 반대로 하나의 구성의 원칙에
근거를 둔다. 사유에는 생각들의 흐름만이 아니라 생각들의 정지도
포함된다."같은 글, 347~348쪽
　　균질적이고 공허한 시간을 채우기 위해 '사실'들을 모으는 역사
주의에는 반성과 성찰이 결여되어 있다. 그런 관점에서 과거에 현재
를 덧붙인 미래는 지금보다 더 나은 세계일 수밖에 없다. 하지만 벤
야민이 바라보기에 역사는 언제나 직선 혹은 나선형으로 앞으로 나
아가기만 하지 않았다. 역사는 일시적으로 퇴보하는 것처럼 보일 때
도 있으며, 그렇기 때문에 연속적인 흐름을 갖지 않고, 따라서 균질

화할 수 있는 대상이 아니었다. 또한 역사 속에서 벌어진 사건들 중에서, 이를테면 전쟁이나 혁명 같은 것이 세상을 얼마나 획기적으로 바꾸어 놓았는지에 대해 역사주의는 제대로 설명하지 못한다. 침략과 지배의 결과인 '문명'에 대한 해석이 단지 서구 제국주의자들의 입장에 불과하다는 것, 그리고 지배에 저항하고 새로운 삶의 조건을 만들기 위해 성취했던 저 '비상사태'들의 가치를 그 이전의 역사나 그 이후의 역사와 동질적으로 취급할 수 없다는 점을 역사주의는 모른다. 이런 까닭에 벤야민은 "결을 거슬러 역사를 솔질하는 것"「역사의 개념에 대하여」, 336쪽을 역사적 유물론자의 과제로 삼았던 것이다.

그런데 벤야민에게 '역사'는 왜 중요했을까? 그는 왜 전쟁과 파시즘의 위험을 감수하며 파리의 도서관에 마지막까지 남아 있었을까? 그에게 역사는 단순히 인류의 과거 이상이다. 그는 역사를 통해 현재를 이해하는 것, 즉 현재 상태의 근거가 되는 역사를 이해함으로써 현실에 대한 '각성'을 꾀한다. 마치 프루스트가 홍차와 마들렌, 포석의 모퉁이에 걸린 발의 감각에 힘입어 우연히 과거의 이미지들과 만나고 그것을 통해 작가로서 자기 임무를 각성하게 되었듯, 벤야민은 흐름 속에서 떼어낸 역사의 어떤 이미지들을 통해 현재 상태를 예외적인 것으로 이해하고 자신들의 역할을 각성하는 역사의 주체들을 호명하게 되었다.

그에게 역사란, 역사 그 자체가 아니라 '정치'를 불러일으키는 하나의 밑불이었던 셈이다. 그는 이렇게 말한다. "지금 막 덮쳐오고 있

는 불행이 얼마나 오랜 기간 동안에 걸쳐 준비된 것인가—이를 동
시대인들에게 알리는 것이야말로 역사가가 진정 바라는 바가 되어야
할 것이다—를 인식하는 순간 동시대인들은 자기 자신이 갖고 있는
힘을 한층 더 잘 알게 된다. 그에게 이러한 것을 가르쳐주는 역사는
그를 슬프게 만드는 것이 아니라 오히려 강하게 만든다."「아케이드 프로젝트
I」, N 15, 3

2. 산책자의 시선 : 보들레르로부터

역사의 개념에 관한 짧은 논문을 제외하면, 벤야민이 생애 가장 마지막까지 눈길을 주고 있었던 것은 보들레르였다. '아케이드'를 둘러싼 방대한 프로젝트를 손에서 놓을 수 없어 미국 망명을 시도하기 전까지 파리를 떠나지 못했다는 점을 염두에 두면, 보들레르에 보내는 그의 시선은 자못 흥미롭다. 하지만 『아케이드 프로젝트』의 인용과 메모들 중에서 「보들레르」 항목이 가장 많은 분량(여기에 산책자, 도박, 매춘 등의 항목까지 포함하면 사실상 상당 부분이 '보들레르'와 연관된다)을 차지하고 있다는 것, 그가 『샤를 보들레르: 고도자본주의 시대의 시인』이라는 제목으로 3부작을 구상하여 『아케이드 프로젝트』의 서사적 모델로 삼고자 했던 점 등으로 미뤄볼 때, 벤야민에게 보들레르는 결코 간단히 취급될 수 없는 존재였음을 알 수 있다. 무엇보다도 보들레르는 파리의 시인이었다.

샤를 보들레르(1863)
"그(보들레르—옮긴이)는 현대의 센세이션이 지불해야 할 대가,
즉 충격 체험 속에서 아우라가 붕괴되는 현상을 단적으로 지적
하였다. 이러한 아우라의 붕괴 현상에 동의하기 위해 그는 비
싼 대가를 치러야만 했다. 하지만 그것은 그의 시의 법칙이다.
그의 시는 프랑스 제2제정의 하늘에 '아무런 분위기도 없는 하
나의 별'처럼 빛나고 있다."(「보들레르의 몇 가지 모티브에 관해서」,
164쪽)

1938년 여름, 벤야민은 덴마크에 있는 브레히트의 별장을 찾았고, 그곳에서 『샤를 보들레르: 고도자본주의 시대의 시인』을 집필하는 작업에 착수했다. 하지만 전체 3장으로 구상된 이 글에서 2장 「제2제정기하 파리에서의 보들레르」만 완성되어 뉴욕의 사회과학연구소에 보내졌다. 그런데 이마저도 벤야민의 기대와는 달리 연구소 동료들로부터 '비변증법적'이라는 신랄한 비판과 함께 학회지에 원고 게재를 거절당하는 수모를 감수해야 했다. 게다가 유럽 전체에 걸쳐 나날이 강력해지는 파시즘의 위세 속에서 벤야민은 자신을 죄어오는 정치적 경제적 압박들과 그로 비롯된 생활의 불안과 홀로 싸워 나가야만 했다. 이 시기에 벤야민은 프랑스의 제2제정기를 바라보는 보들레르의 시선 위에 1930년대 후반 파시즘의 시대를 견디는 자신의 불안한 시선을 겹쳐 놓으며 '보들레르와 제2제정기'를 공부했다. 벤야민은 프랑스의 제2제정기와 1930년대 후반의 유럽 상황, 그리고 보들레르와 자신에게서 어떤 동질성을 발견했고, 보들레르의 문학 세계와 그의 시대를 이야기하는 것을 통해 파시즘의 문화적 기원과 비평가로서 자신의 역할을 발견하고자 했다.

방법으로서 알레고리

벤야민은 무엇보다 보들레르가 동시대 다른 시인들과 달리 도시를 산책하며 탐구한 것을 '알레고리적' 방법으로 작품화했다는 점에 주목했다. 벤야민은 이렇게 말한다. "보들레르는 파리의 거주민들을 묘사하지도 않았고 또 도시를 묘사하지도 않았다. 그러나 그는 양자를 묘사하는 일을 포기함으로써 양자 중의 한 대상을 다른 한 대상의 형태로 불러내는 일을 할 수 있었다." 『보들레르의 몇 가지 모티브에 관해서』, 133쪽 여기서 '한 대상을 다른 한 대상의 형태로 불러내는 일'이란 일반적으로 우리가 알레고리라고 부르는 표현 기법을 의미하는데, 이는 보들레르 시의 독특함을 이룬다. 알레고리 속에서 언급되거나 묘사된 어떤 것은 무언가 다른 것을 의미한다. 즉 겉으로 드러난 알레고리의 표면적 의미는 사실 진짜 의미를 숨기기 위한 포장지에 불과하다.

알레고리에 대한 벤야민의 관심은 독일 바로크 시대의 비애극을 대상으로 한 『독일 비애극의 원천』에서 우선 집중적으로 발견된다. 교수자격취득논문을 개편하여 단행본 형태로 출판한 이 책에서 벤야민은 문학·예술적 가치가 크지 않다는 이유로 동시대 연구자들의 외면을 받았던 독일 바로크 시대의 비애극에 새로운 이해와 의미 부여를 시도한다.

바로크적 정서인 멜랑콜리(우울)는 벤야민과 기질적으로 공명했으며, 그 시대의 알레고리 작가들이 세계의 흔적들을 수집하고 배열했던 방법은 훗날 벤야민이 시도한 역사 연구의 독특한 방법이나 글쓰기에 상당한 도움이 되었다. 실제로 그는 『아케이드 프로젝트』를 자주 『독일 비애극의 원천』과 대쌍적 위치에 두고 접근하곤 했다.

1935년 숄렘에게 보낸 편지에서 벤야민은 이렇게 이야기했다. "나는 주기적으로 이 책(『아케이드 프로젝트』—옮긴이)의 내부 구성에서 바로크 시대를 다룬 저서와 비슷한 것을 떠올려보는 유혹에 굴복하곤 하는데, 물론 외적 구성은 전혀 다르네. (…) 바로크 저서에서는 '비애극' 개념이었다면 여기서는 상품의 물신적 성격이 그것이 될 것이네. (…) 바로크 저서가 독일의 관점에서 17세기를 다루었다면 이 책은 프랑스의 관점에서 19세기를 해명하게 될 걸세." 벤야민이 프랑스의 관점에서 들여다본 19세기는 상품의 물신적 성격이 지배하는 세계였으며, 그는 이것을 해명하기 위해 '아케이드'를 일종의 알레고리로 사용했다.

바로크 시대, 특히 독일의 바로크 시대 예술 작품에서 발견되는 공통된 정서는 멜랑콜리이고, 그것의 주된 표현 방식은 알레고리적인 것이었다. 그 시대의 예술가 대부분은 루터교도였는데, 루터교가 강조했던 믿음의 은총은 인간의 행동으로부터 일체의 가치를 박탈하는 결과를 가져왔고, 그 영향으로 인해 비애의 감정을 갖고 세계가 공허하다고 바라보는 사람들이 생겨나게 되었다. 벤야민은 바로크 시대 비애극을 관통하는 하나의 정서, 즉 "비애의 이론은 오직 멜랑콜리적인 인간의 시선 아래 드러나는 세계의 묘사 속에서만 펼쳐진다"『독일 비애극의 원천』, 209쪽고 말한다. 그들에게서 발견되는 명상적 경향, 자기 안으로의 침잠, 삶의 에너지가 되는 격정에 대한 억압은 모든 사물과의 자연스럽고 창조적인 관계를 박탈하며, "이런 병적인 상태

속에서 사물들은 수수께끼 같은 지혜의 암호로 나타난다."같은 책, 211쪽 결국 알레고리란 멜랑콜리적인 인간의 시선으로 바라보는 '공허한 세계'의 표현과 같다.

벤야민은 일반적으로 '실패한 상징'의 의미 이상으로 받아들여지지 않았던 알레고리의 가치에 주목하고, 그것의 고유한 성격을 발견하여 독창적인 의미를 부여했다. '누(Nu)'라고 부르는 신비로운 순간을 시간의 척도로 갖고 있는 상징에서는 "몰락이 이상화되는 가운데 자연의 변용된 얼굴이 구원의 빛 속에서 순간적으로 계시"같은 책, 247쪽되는 반면, 알레고리 속에서는 '역사의 죽어가는 얼굴 표정'이 관찰자의 앞에 그 모습을 드러낸다. 역사 속에 있는 시대에 맞지 않는 것, 고통스러운 것, 실패한 것들을 포함한 모든 것이 '죽은 자'(혹은 해골의 엠블럼)의 얼굴 속에 고스란히 담겨 있다. "이렇듯 자연적으로 몰락한 형상 속에는 인간 존재의 자연뿐만 아니라 개개인의 전기적 역사성이 의미심장하게 수수께끼적인 물음으로 표현되어 있다. 이것이 역사의 세속적 전개를 세상의 수난사로 보는 바로크적, 알레고리적 관찰의 핵심이다."같은 책, 247쪽 이런 식으로 알레고리적 표현은 자연과 역사가 특이하게 얽힌 형태로 그 모습을 드러낸다. 바로크 비애극에서 연출되는 자연-역사의 알레고리적인 모습은 현실에서 '폐허(잔해)'의 형태로 주어진다. "잔해 더미에 무너져 있는 것, 의미심장한 단편, 그 파편은 바로크적 창조의 가장 고귀한 재료이다."같은 책, 265쪽

알레고리는 바로크와 그 이전 시대에 '상징'이 가진 지위를 뒤흔

들었다. 상징이 초월적 세계를 견고하게 만드는 데 기여했다면, 알레고리는 그 견고하고 부동적인 세계의 질서와 현실 너머의 세계로 향하던 사람들의 시선을 현실 속, 때로는 죽음을 포함하는 비참하고 지저분한 진탕의 세계로 돌리기 위해 노력했다. 알레고리 작가는 완결된 세계 혹은 거짓 총체성에 맞서기 위해 사소하고 무의미한 낱개의 파편들에 주목했고, 그것들을 다시 하나의 장소에 그러모아 새롭고 낯선 무엇인가를 보여주고자 했다.

알레고리는 그것을 만드는 주체에 따라 매번 다른 사물과 다른 의미의 결합으로 만들어진다. 작가의 손에서 하나의 사물은 기존의 의미와는 다른 무언가로 다시 표현되며, 이를 통해 작가 역시 무언가 다른 것을 말하게 된다. 하지만 "오늘날에도 사물적인 것이 인격적인 것에 대해, 파편적인 것이 총체적인 것에 대해 갖는 우위성 속에 알레고리가 상징의 반대 극에 있고, 그렇기 때문에 똑같이 막강하게 맞선다는 점은 자명하게 받아들여지지 않고 있다"『독일 비애극의 원천』, 278쪽고 벤야민은 비판한다.

다수적인 것보다는 소수적인 것에, 전체의 힘보다는 부분과 세부의 고유한 가치를 발견하기를 좋아했던 벤야민이 교수자격취득논문의 테마로 바로크 시대의 독일 비애극을 선택했다는 점은 그리 놀라운 일이 아니다. 비애극에는 비극에서 보이는 신화와 운명의 웅장한 갈등 같은 스케일이 나타나지 않는다. 또한 대단한 교훈이나 카타르시스도 없다. 그럼에도 불구하고 벤야민은 비애극 속에서 비루하고

탐욕적인 인간의 모습과 전쟁으로 인해 죽음에 무감해진 역사의 일 그러진 모습을 발견했고, 그것이야말로 의미심장하다고 보았다. 무엇보다 그는 파편과 부분에서 가치를 발견하는 알레고리의 특성에 주목했고, "알레고리적 의도에 포착된 것은 일상적 삶의 연관에서 분리"된 것이며, 또한 그것이 "예술이든 삶이든 모든 '기존 질서'로부터 생겨나는 가상을 추방"『아케이드 프로젝트 I』, J 57, 3하는 효과를 지닌다는 점에 긍정적인 시선을 보냈다.

바로 이런 시선이 훗날 그가 19세기 자본주의 문화의 원역사를 탐구하는 과정에서 보들레르의 시에 관심을 가졌던 이유이기도 하다. 벤야민이 보는 보들레르는 아우라가 붕괴되고 사물과 진정한 교감의 경험이 불가능해진 시대의 시인이었다. 또한 보들레르의 시는 "프랑스 제2제정의 하늘에 '아무런 분위기도 없는 하나의 별'처럼 빛나고"『보들레르의 몇 가지 모티브에 관해서』, 164쪽 있는 것처럼 보였다. 보들레르는 세계와 교감 불가능한 시대에 절망하고 우울해 했으며, 그런 시대의 진행을 파괴하고 싶어 했다. 기존의 질서를 미화함으로써만 공고하게 유지되는 전체라는 가상에 맞서 벤야민이 싸우는 방식은 보들레르부터 배운 알레고리의 특성, 즉 각각의 부분과 파편들의 고유성에 주목하는 것이었다.

벤야민이 보들레르에 관심을 갖고 깊이 살핀 것은 보들레르가 쾌락과 소비의 환(등)상이 감싸고 있던 프랑스 제2제정기의 분위기와 총체성의 가상으로부터 자유로웠기 때문이다. "보들레르에게서 별이 나오지 않는 것이야말로 그의 서정시가 가상의 해체를 지향하는 경향을 갖고 있다는 것을 가장 분명하게 보여주는 지표이다"「아케이드 프로젝트 I」, J 58a, 3라는 벤야민의 언급은 현실과 다른 예술의 세계를 상정하고 이상적인 것을 묘사하는 예술적 태도와 당시의 목적론적 진보사관 모두가 가상에 불과하다는 점을 보들레르가 정확하게 인식하고 있었다는 것을 진단하는 말이다. 별의 부재와 총체성의 해체는 루카치가 『소설의 이론』에서 별을 이야기하며 도달해야 할 이상향과 그것을 상실한 시대로서 근대를 이야기했던 방식과 대극에 놓여 있다. 벤야민과 루카치는 모두 별이 사라진 시대에 대해 이야기하고 있지만, 한 명은 밤하늘의 별을 길잡이로 삼았던 이상적 세계에 도달하기 위한 방황을 근대의 예술로 이해했다면, 또 다른 한 명은 그 별이 사라진 시대에 그것을 새롭게 대신하고 있는 상품 세계를 폭로하는 데 집중한다.

벤야민은 보들레르를 일컬어 "운명의 별이 먼 곳을 가리키는 우울한 사람"이라고 말한다. 보들레르의 운명은 '별과 먼 곳'이라는 이상적인 세계를 노래한 예술가였지만, 자신의 운명을 그대로 따르지 않고 저 먼 곳을 '지금-이곳'으로 끌어내려 현실의 진창과 맞바꾸어 버렸다. 벤야민은 말한다. "그는 운명을 따르지 않았다. 먼 곳의 이미지들은 먼 옛날의 바다 혹은 파리의 안개 속에서 떠오르는 외딴섬으로서만 나타난다. 이 외딴섬에 흑인 여성이 없는 경우는 드물다. 그리고 이 흑인 여성의 육체는 능멸당해 있는데, 이러한 형상 속에서 먼 곳에 있는 것이 보들레르가 가까이서 발견하는 것, 즉 제2제정기 파리의 발아래 굴복한다."같은 책, J 50, 7

보들레르는 (시공간적으로) 먼 곳을 지금-여기로 끌어당기면서(혹은 알레고리화 하면서) 자신의 운명에 반항했다. 이상적이면서 동시에 파괴되어버린 자연으로서 먼 것들은 자본주의의 인공 자연에 의해 능멸당했다는 것을 그는 보여준다. "이곳의 인생은 병원과도 같다. (…) 아무 곳이라도 좋소! 아무 곳이라도! 그것이 이 세상 밖이기만 하다면"「이 세상 밖이라면 어느 곳이나」이라고 하는 인식이 시인으로 하여금 현실을 기괴한 모습으로 비틀어버리거나 추상적인 것 혹은 신화적인 것으로 바꾸어 알레고리화 하도록 부추긴다. 인간의 마음보다 더 빨리 변하는 도시의 형태, 그보다 더 놀랍고 기괴한 것은 보들레르에게 없었다. 그가 악의 꽃과 파리의 우울을 노래하고 해골과 죽음과 파괴가 난무하는 알레고리를 가지고 세상을 깜짝 놀라게 했을 때조차도 현실 그 자체보다 놀랍지는 않았다. 보들레르는 이렇게 말한다. "악마로부터 왔건 하느님에게서 왔건 무슨 상관이랴? 천사건 시레네스건 무슨 상관이랴? (…) 세계를 덜 추악하게 하고, 시간의 무게만 덜어준다면!"「아름다움에 바치는 찬가」

그렇다고 보들레르가 세계의 진창에만 집착했던 것은 아니다. "도시의 부정적인 요소로부터 동시에 매혹적인 요소를 만들어냈다"는 보들레르에 대한 벤야민의 말처럼, 또는 벤야민 그 자신처럼 보들레르는 가장 근본적인 도시의 비판자이면서, 동시에 그 자신이 가장

왼쪽 : 브라크몽이 디자인한 『악의 꽃』 표지 시안(1857)
오른쪽 : 로프스가 디자인한 『표착물(Epaves)』 표지(1866)

보들레르는 브라크몽이 작업한 『악의 꽃』 표지 시안을 마음에 들어 하지 않았다. 결국 이 표지는 보들레르에 의해 출판되지 못했다. 현재 이 그림은 대영박물관에 보관되어 있다. 벤야민은 브라크몽이 보들레르의 의도를 잘 이해하지 못한 것 같다고 말한다.

"보들레르는 자기 의뢰로 브라크몽이 디자인한 시집의 표지 초안이 매우 불만족스러웠다. (…) 보들레르의 지시. '해골이 나무가 되어 양 발과 늑골은 줄기를 이루고, 십자로 뻗은 팔에서는 잎과 봉오리가 움터 나와 마치 정원사의 온실에서 볼 수 있는 것처럼 질서정연하게 배열된 작은 화분에 심어진 독초들을 지키고 있는 모습으로 할 것.' 브라크몽은 어려움에 부딪친 것이 분명하며, 게다가 해골의 골반을 꽃으로 덮어 가리고 팔을 가지 형태로 그리지 않은 것으로 보아 시인의 의도를 따르지 않은 것 같다. (…) 브라크몽이 그대로 옮기는 데 실패한 주제는 로프스에 의해 『표착물』(1866년)의 표지로 채택되었다."(『아케이드 프로젝트 I』, J 26, 2)

"『표착물』에 실린 로프스의 표지 그림. 이것은 갖가지 알레고리를 보여준다."(『아케이드 프로젝트 I』, J 16, 3)

도시에 강렬하게 사로잡힌 댄디이기도 했다. 보들레르에게 예술가란 '유행으로부터 시적인 요소를, 일시적인 것으로부터 영원함의 추출을 자신의 임무로 삼는' 자이어야 했다.

벤야민은 보들레르의 알레고리가 아케이드 그 자체만큼이나 상품의 물신적 성격과 밀접히 연관되어 있다고 생각했다. "상품 진열, 특히 신유행품점들의 증가와 더불어 상품이 점점 더 뚜렷하게 모습을 드러낸다. (…) 실제로 그(보들레르 — 옮긴이)의 상상력의 지배적인 모델인 알레고리는 상품 물신에 완벽하게 상응하는 것이었다."『아케이드 프로젝트 I』, J 79a, 4 알레고리의 표면적 의미가 실제의 의미를 숨기기 위한 겉치장이라면, 상품의 가격은 그것의 실제 가치 및 그 제작 과정과 노동 등을 은폐한다. 상품의 교환가치는 그 사용가치와 무관하며, 때로는 그것을 능가한다.

바로크 시대의 비애극과 보들레르로부터 알레고리의 가치를 발견한 벤야민은 자신의 역사 연구 방법론에 이것을 도입했다. 벤야민은 이를 유물론적 역사 기술의 방법으로 이해했고, 그것이 갖는 파괴적이고 비판적인 의미가 역사의 연속성을 분쇄하는 데 있다고 보았다. 하지만 "유물론적 역사 기술은 대상을 무작위적으로 선택하지 않는다. 대상을 붙잡는 것이 아니라 흐름에서 떼어낸다."같은 책, N 10a, 1 알레고리가 특수한 것을 통해 보편적인 것을 이해하는 방법이었듯이, 벤야민의 유물론적 역사 기술은 역사 진행의 연속으로부터 대상을 떼어내어 면밀히 살펴봄으로써 그 진면목을 발견하는 데 목적이 있었던 것이다. 하나의 유기적인 전체를 전제로 할 때, 부분들이 갖는 고유성은 사라지고, 이때 전체는 '하나의 가상'이 되어버리기 때문이었다.

특히 자본주의와 물질문명의 발달로 화려한 외양이 세계의 본질을 가리는 베일로 기능하기 시작한 19세기 이후의 역사를 염두에 둘 때, 벤야민이 알레고리와 유물론적 역사 기술에 주목한 의도가 드러난다. 그는 "역사유물론의 기본 개념은 진보가 아니라 현실성을 불러일으키는 것"『아케이드 프로젝트 I』, N 2, 2이라고 말한다. 어떤 시대의 역사, 그중에서도 개별적이고 특수한 사물과 현상 및 사람들에게 주목하는 것에 의미가 있다면, 그것이 하나의 일관된 전체라는 가상의 베일을 벗겨내고 지금-여기의 현실을 환기하는 역할을 담당하기 때문이다.

『아케이드 프로젝트』에서 벤야민이 "최초의 산업 제품, 최초의 산업 건축물, 최초의 기계뿐만 아니라 최초의 백화점, 광고 등의 표현으로서의 성격"같은 책, N 1a, 7을 다루겠다고 했을 때, 거기에는 19세기라는 시대가 각각의 사물·현상들 속에서 하나의 상품으로 어떻게 표현되는가라는 질문이 담겨 있다. 여기서 "상품은 알레고리의 현대적 체현이다. 상품은 교환가치와 전시가치를 강조함으로써 실체를 결여한다. 생산의 주기와 유행의 우연성 속에서 상품은 시대에 뒤처진 폐물이 될 운명을 지닌다."『발터 벤야민과 메트로폴리스』, 270-271쪽 그에게 알레고리로서 "아케이드는 하나의 도시, 아니 축소된 하나의 세계"『아케이드 프로젝트 I』, A 1, 1였던 것이다.

알레고리 작가로서 벤야민, 세 개의 단편

「꿈꾸는 사람의 자화상들」이라는 단편 가운데 '연대기 기록자'의 경우,『사유이미지』, 219쪽 법정에 황제가 서 있고, 한 여인이 황제가 일으킨 전쟁으로 자신의 삶이 어떻게 피폐해졌는지를 증언하고 있다. 여인은 물증 두 개를 제시하는데, 긴 자루가 달린 비와 해골이 그것이다. 두 번째 물증에 대해 그녀는 이렇게 말한다. "황제가 나를 이 지경으로 빈한하게 만들어 놓는 바람에 내 아이에게 물을 먹일 그릇이 그것 말고는 없다." 바로크 시대 예술에서 죽음에 대한 알레고리로 사용되던 해골은 벤야민에게 알레고리에 대한 알레고리였다. 황제가 일으킨 전쟁으로 삶이 곤궁해진 여인은, 이야기의 전통과 경험의 전통이 사라진 시대, 사물들과의 교감이 불가능해진 시대에 전략적 글쓰기로서 알레고리를 선택해야만 했던 지식인과 크게 다를 바 없다. 벤야민은 바로크 시대의 알레고리적 요소(emblem)를 "생산과정의 단계들에서 나와 파괴 과정의 기념비들이 된 반제품"으로, "바로크적 알레고리에 등장하는 해골은 구원을 위한 역사 과정의 반제품"으로 『아케이드 프로젝트 I』, J 78, 4 생각한다. "결국 알레고리가 환기하는 경직된 동요의 이미지는 역사적인 이미지"같은 책, J 78, 2a 인 것이다.

또 다른 단편 「햇빛 속에서」『사유이미지』, 207~212쪽를 통해서도 우리는 19세기 파리 혹은 아케이드 프로젝트에 대한 벤야민의 알레고리적 시선을 발견할 수 있다. "섬에는 열일곱 가지의 무화과가 있다고 한다. 햇빛 속에서 길을 가는 남자는 그 이름들을 알아야 한다고 중얼거린다. 그렇다, 섬의 얼굴, 소리, 냄새를 이루는 풀과 동물, 산의 지층, 먼지 낀 황토색에서 보랏빛이 도는 갈색에 이르는 갖가지 종류의 흙, 넓은 주석 층, 이 모든 것들을 그냥 보아 넘길 것이 아니다. 무엇보다 그 이름들을 알아야 한다." 길을 가는 남자는 섬을 방문한 자, 섬에 대해 탐구하는 자이다. 그는 섬에 대한 경험이 없기 때문에 섬을 구성하는 다양한 존재의 '이름'을 알고 그것을 통해 섬을 '체험'(지식화)하는 방법을 선택할 수밖에 없다. 그는 모든 장소의 이름이 "식물의 세계(Flora)와 동물의 세계(Fauna)가 처음이자 마지막으로 조우하게 되는 암호"라고 생각한다. 그러므로 벤야민에게 '이름'은 어떤 사물에 대한 음성적 기호가 아니라 그것의 본질을 내장하고 있는, "천편일률적으로 조제되는 모든 상품 계열로부터 구별시켜주는 진정한 표지"이다. 길을 가는 남자는 섬의 장소들에 대한 이름을 알 수 없지만, "농부는 그러한 암호 문자의 열쇠를 쥐고 있다." 농부는 이름들을 알고 있다. 그는 섬에서 살아왔으며, 섬에서 살고 있는 자, 섬의 경험을 가진 자이다.

하지만 농부는 자신이 사는 섬에 대해 말하는 재능을 갖고 있지 않다. 섬에 대해 말하는 것은 길을 가는 남자에게 부여된 임무이다. 길을 가는 남자는 이렇게 생각한다. "이름들을 알게 되면 눌변이 되는 것일까? 그렇다면 풍부한 말은 이름도 모르면서 지식만 갖고 있는 사람에게만 내리고, 이름밖에는 아무것도 알지 못하는 사람에게는 풍부한 침묵이 내리는 것일까?" 남자는 걸어가면서 사색에 잠긴다. 그는 헤매듯이 길을 간다. "그 남자에게 어떤 삶이 기다리고 있는지는 상상이 되지 않았다. 세 군데에서 땅을 뚫고 나온 아름드리 그 나무는 세 방향으로 하늘을 가르면서 어떤 알 수 없는 세계의 토대를 만든다. 오솔길 어느 곳에서도 그 세계는 드러나지 않는다. 그러나 그는 다음 순간 그를 배신할지도 모르는 길을, 어떨 때는 들길로 죽 뻗어 나갈지도, 어떨 때는 가시울타리 앞에서 뚝 끊어질지도 모를 어느 길을 주저하며 따라간다."

『베를린 연대기』에서 벤야민이 고백했듯, 그에게 헤매는 기술을 가르쳐준 도시는 파리였고, 그 도시를 "끝없는 산보와 떼어 생각하기란 불가능"할 정도였다. 파리라는 도시에 대한 벤야민의 감각이(그것은 그 지방 출신이 아닌, 길을 가는 남자로서의 경험이며, 그 장소들의 '이름'을 알아야 하는 자로서의 경험이다) 과거 19세기의 파리를 경험적 지식으로 텍스트화하는 작업에서도 유지된다는 사실을 우리는 기억해야 한다. '길을 가는 남자'는 숲의 목초지에서 '깃발처럼 다가온 신호'와 만나면서 "나무 한 그루와 함께 느꼈던 그날"을 문득 '무의지적으로' 떠올린다. 프루스트의 마들렌 과자가 콩브레에서의 과거를 불러내듯, 그 신호는 그의 과거를 순간적으로 불러낸다. 체험과 경험은 모두 과거의 시간에 속한다. 그것들은 어떤 식으로든 우리의 신체에 기억이라는 방식으로 새겨진다. 그 기억, 때로는 그것의 일부가 '역사'라는 이름으로 불리기도 하는데, 이를 최대한 손상하지 않고 그 자체로 드러내는 것, 이 작업이야말로 벤야민의 알레고리적 글쓰기의 전략적 이유였다. 역사의 기억이 의지적(의식적) 기억으로 구성된 것이라면, 그에 반해 다른 모든 기억들로부터 고립되어 있기 때문에 특히 잘 저장되어 있는 기억들이 어느 날 문득 어떤 충격이나 우연한 만남 등에 의해 순식간에('섬광처럼') 눈앞에 이미지를 펼쳐 놓는 것은 '무의지적 기억'이다. 이런 무의지적 기억은 벤야민의 알레고리적 글쓰기를 통해 표현된다. "기억은 이야기하듯이 진행해서는 안 되고, 사건을 보도하듯이 진행해서는 더더욱 안 된다. 가장 엄밀한 의미에서 기억은 서사적이고 광상곡과도 같은 리듬으로 언제나 새로운 장소에서 삽질을 시도해야 한다. 또한 같은 장소에서 점점 더 깊은 층으로 파헤쳐 가야 한다."「베를린 연대기」, 192쪽

세 번째 이야기는 「역사의 개념에 대하여」의 아홉 번째 테마. 벤야민은 여기서 파울 클레의 〈새로운 천사〉를 하나의 알레고리적 작품으로 대한다. "이 그림의 천사는 마치 자기가 응시하고 있는 어떤 것으로부터 금방이라도 멀어지려고 하는 것처럼 묘사되어 있다."「역사의 개념에 대하여」, 339쪽 천사가 응시하고 있는 것은 지금 현실에서 벌어지고 있는 일련의 사건들이다. 전쟁과 살인, 가난과 증오의 현장들, 인류가 쌓아왔던 모든 정신적이고 물질적인 가치는 '진보'라는 폭풍에 떠밀려나고, 천사는 자신 앞에 쌓여가는 잔해 위의 잔해 속에서 파국을 향해 질주하는 이 세계의 모습을 안타깝게 바라보고 있다. "천사는 머물고 싶어 하고 죽은 자들을 불러일으키고 또 산산이 부서진 것을

파울 클레, 〈새로운 천사〉

벤야민은 1921년 봄에 파울 클레의 수채화 〈새로운 천사Angelus Nobus〉를 구입했다. 〈새로운 천사〉는 벤야민의 마지막 저작인 「역사의 개념에 대하여」의 아홉 번째 테제에 영향을 준 그림이기도 하며, 그가 펴내려던 잡지의 이름이기도 했다(잡지는 경제적 어려움에 부딪혀 수포로 돌아갔다). 벤야민은 이 그림에 대해 이렇게 묘사한다.

"천사는 눈을 크게 뜨고 있고, 입은 벌어져 있으며 또 날개는 펼쳐져 있다. 역사의 천사도 바로 이렇게 보일 것임이 틀림없다."(「역사의 개념에 대하여」, 339쪽)

숄렘이 벤야민에게 보낸 생일 카드

숄렘은 벤야민의 29세 생일을 축하하기 위해 1921년 7월 15일 「천사의 인사」라는 제목의 시를 써서 보냈다. 총 6연으로 이루어진 이 시의 제5연이 바로 아래의 내용이며, 이는 벤야민이 「역사의 개념에 대하여」의 아홉 번째 테제를 시작하면서 인용한 것이기도 하다.

내 날개는 날 준비가 되어 있고
나는 기꺼이 돌아가고 싶다.
왜냐하면 내가 평생 머문다 해도
행복하지 못할 것이기에

　　　　—게르숌 숄렘, 「천사의 인사」

모아서 다시 결합하고 싶어 한다. 그러나 천국에서 폭풍이 불어오고 있고 이 폭풍은 그의 날개를 꼼짝달싹 못하게 할 정도로 세차게 불어오기 때문에 천사는 날개를 접을 수도 없다.”「역사의 개념에 대하여」, 339쪽

이 '천사'는 한편으로 변증법적 역사가 혹은 벤야민 자신에 대한 알레고리이다. 그는 이 세계에 단단히 발을 붙이고 싶고, 현실을 환기하고 정치를 불러일으키는 방법으로 역사의 파편들(죽은 자)을 긁어모아 다시 재구성하고 싶다. 하지만 현재를 되돌아보는 일에 무관심하며 오로지 앞으로 나아가는 일에만 몰두하는 '진보'와 그것의 가장 악마적 표현인 파시즘의 거대한 폭풍 앞에서 그는 날개를 펼 수도 접을 수도 없는 안타까운 형편에 놓인다. 이런 안타까운 형편은 벤야민의 생애 마지막까지 계속되었다.

군중 속의 산책자

브레히트는 나치스의 유대인 학살, 곧 아우슈비츠 이후 서정시를 '쓸 수 없는' 사태에 대해 이야기했지만, 그보다 한 세기도 훨씬 전에 보들레르는 이미 이러한 사태의 본질을 간파했다. 서정시를 읽을 수도 쓸 수도 없는 시대란 어떤 시대일까? 벤야민이 보기에 그것은 자연 혹은 사물과 직접 대면해서 교감하는 경험이 불가능해진 시대, 사람의 가치가 인격이 아니라 상품의 가치로 이해되기 시작한 시대, 물

질문명의 눈부신 발전으로 도시의 밤과 낮이 온통 번쩍거리기 시작한 시대를 의미했다. 이런 시대의 독자들은 서정시를 읽지 않는다. 자신들이 경험하는 세계와 너무나도 동떨어져 있다고 느껴지기 때문이다. 우울과 감각적 향락이 지배하는 시대와 서정시는 어울리지 않았다. 보들레르는 이런 시대를 살아간 시인이었다. 그는 자신의 작품 속에 알레고리의 방법을 효과적으로 도입함으로써 자기 시대의 이야기를 할 수 있었고, 그에 공감하는 독자들을 얻을 수 있었다.

사물들 그리고 인간을 포함한 자연과의 진정한 교감이 불가능해진 시대적 상황은 보들레르에게 충격의 경험이었고, 우울의 근거였다. 거기에는 대도시 군중과의 접촉과 충격이 핵심적으로 자리 잡고 있다. 그는 군중이라는 존재에 양가적 관점을 취하곤 했는데, 그에게 군중이란 인격적 집합체가 아니라 말 그대로 무리 그 자체, 하나의 이미지로 고정되지 않는 부유하는 존재였다. 그는 이러한 군중을 경멸하면서도 그들 속에 들어가기를 주저하지 않았다. 그것이 가능했던 것은 그가 철저하게 '산책자'의 위치를 고수했기 때문이었다.

이렇듯 보들레르로 하여금 충격에 빠지게 하고 시를 쓰게 추동했던 '진정한 교감의 불가능성'은 그의 시선을 현실이 아니라 과거 쪽으로 향하게 만들었다. 그는 '어떤' 지나간 삶들과 교감하는 것을 통해 자신의 충격을 예술 쪽으로 이동시키고 싶어 했다. "보라, 사라진 세월은/해묵은 옷을 걸치고서, 하늘의 발코니에 몸을 기대고"「명상」라고 그가 말했을 때, 그것은 "지나간 세월의 알레고리들을 깊은 하늘을 배경으로 묘사"「보들레르의 몇 가지 모티브에 관해서」, 152쪽하는 것이었다. 보들레르에게 현실의 풍경들, 곧 거리의 군중과 허름한 뒷골목과 여인들은 그가 살았던 시대의 진실을 파편적으로 드러내는 하나의 알레고리였다. 그는 현실 그 자체가 아니라 알레고리들과의 교감을 통해 현실의 본질에 깊이 육박해 들어가는 실험을 계속해 나갔다.

보들레르가 꿈꾸었던 세계와의 '진정한 교감'이란 현실적으로 존재하는 사물이나 사람들과의 교류를 의미하지는 않는다. 그것은 오히려 프루스트가 말했듯이, 어떤 대상의 심상을 응시할 때 그 형상 뒤에 있는 전혀 다른 무엇을 발견하고 '번역'해내는 일에 가깝다. 프루스트는 이와 같은 과정을 통해서만 어떤 진리를 읽을 수 있다고 말했다. 보들레르와 프루스트는 그 작업을 자기만의 언어로 창조하는 것, 즉 문학작품 창작을 통해 완성하고자 했던 것이다.

보들레르의 '진정한 교감', 그리고 프루스트가 말했던 '형상의 뒤에 있는 전혀 다른 무엇'을 벤야민은 분위기, 즉 '아우라(Aura)'로 이해했다. 그것은 "공간과 시간이 서로 얽혀 짜여지는 교묘한 거미줄과 같은 것"으로서 "어떤 먼 곳의 것이 일회적으로 나타나는 현상"「사진의 작은 역사」, 245쪽이다. 아우라는 어떤 사물이나 현상 자체가 아니라, 그것을 둘러싼 시공간이 만들어내는 일종의 분위기다.

어느 여름 한낮 고요한 휴식 속에서 보는 사람의 눈에 그 그림자 를 던지고 있는 지평선 상의 산맥이나 아니면 작은 나뭇가지를 바라보고 있는 바로 그 순간, 이 순간의 시간은 이들 현상과 혼연일체가 되어 하나로 어울리게 되는데, 이때 우리는 이러한 산이나 나뭇가지가 갖는 분위기를 숨 쉬게 되는 것이다. (⋯) 대상을 그것을 감싸고 있는 표피로부터 벗겨내는 일, 즉 분위기의 파괴는 새로운 하나의 지각작용의 징표이다. 이 새로운 지각작용에 의해, 이 세상의 모든 동질적인 것들에 대한 감각이 발달한 나머지 그러한 지각 작용은 복제 수단을 이용하여 일회적인 것으로부터도 동질적인 것을 빼내고 있을 정도이다.

—「사진의 작은 역사」, 245~246쪽

아우라는 어떤 사물이나 인물 혹은 사건이 특정한 시공간 안에서 만들어내는 일회적인 분위기다. 이를테면 '어느 여름 한낮'이라는 시간에 우리가 어떤 산이나 나뭇잎을 바라볼 때, 그 시간과 그 풍경은 혼연일체가 되어 하나로 어울린다. 이때 우리가 바라보는 것은 존재하는 어떤 사물이 아니라, 그 시간에 그 현상이 함께 만들어내는 어떤 분위기다. 그 분위기와 그것을 바라보는 우리의 시선이 서로 교감할 때, 그 뒤에 감추어진 '눈에 보이지 않는 무엇'(프루스트 식으로 말하자면 '진리')이 우리에게 말을 걸어온다.

하지만 같은 사물이라도 그것이 놓이는 시공간이 바뀌면 아우라는 사라질 수 있다. 벤야민은 그것을 동화의 형식을 빌려 이렇게 설명했다. 옛날 옛적에 어떤 왕이 살았다. 그는 세상에서 가장 큰 부와 권력을 한 손에 쥐고 있었지만, 날마다 우울해져갔다. 오래전 왕은 전쟁터에서 쫓기다가 어느 숲 속 작은 오두막에 숨어들게 되었는데, 그 집에 살던 노파가 대접했던 산딸기 오믈렛의 맛을 계속 잊지 못하고 있던 터였다. 그는 궁정 요리사를 불러다가 예전에 노파로부터 얻어먹은 똑같은 오믈렛을 만들라고 명령하면서, 만일 기대에 어긋난다면 죽이겠다고 했다. 하지만 그것은 불가능한 요구였다. 그 궁정 요리사는 다음과 같이 말한다.

> 물론 저는 산딸기 오믈렛 요리법과 하찮은 냉이에서 시작해서 고상한 티미안 향료에 이르는 모든 양념을 훤히 알고 있습니다. 그리고 그 오믈렛을 만들 때 어떻게 저어야 마지막 제 맛이 나는지도 잘 알고 있습니다. 하지만 폐하! 저는 죽지 않으면 안 됩니다. 이 모든 것에도 불구하고 제가 만든 오믈렛은 폐하의 입에 맞지 않을 것입니다. 왜냐하면 폐하께서 그 당시 드셨던 모든 재료를 제가 어떻게 마련하겠습니까. 전쟁의 위험, 쫓기는 자의 주의력, 부엌의 따뜻한 온기, 뛰어 나오면서 반겨주는 온정, 어찌 될지도 모르는 현재의 시간과 어두운 미래—이 모든 분위기는 제가 도저히 마련하지 못하겠습니다.

—「산딸기 오믈렛」, 25쪽

중요한 것은 산딸기 오믈렛 자체가 아니다. 왕이 오믈렛의 맛이라고 기억하는 그것은 그때 그 오믈렛을 둘러싼 분위기였던 것이다. 그것이 재현 불가능하다는 사실을 왕은 무의식적으로 이미 알고 있다. 그 때문에 왕은 "이 지구상의 모든 권력과 금은보화를 자기 것으로 만들었음에도 불구하고 명랑해지기는커녕 해가 갈수록 점점 더 침울해져"「산딸기 오믈렛」, 24쪽갔던 것이다.

왕의 침울함은 아우라가 사라지고 세계와 진정한 교감이 불가능해진 시대에 보들레르가 느꼈던 우울과 다르지 않다. 벤야민이 말했듯이 "우리가 어떤 현상의 아우라를 경험한다는 것은 시선을 되돌려 줄 수 있는 능력을 그 현상에 부여한다는 것을 뜻한다."「보들레르의 몇 가지 모티브에 관해서」, 158쪽 이제 왕과 보들레르 앞에는 아우라가 사라진 사물들만 앙상하게 남아 있고, 그들이 경험했던 진정한 교감은 불가능한 것이 되어버렸다. 바로 이것이 그들이 느끼는 우울의 근거이다.

보들레르가 진정한 교감이 불가능한 시대의 문제를 '알레고리'적 방식으로 예술을 통해 극복하려 했다면, 프루스트는 '무의지적 기억'에 의해 촉발된 각성과 진리의 탐색을 예술 작품 창작으로 승화시켰다. 벤야민은 그들의 방법을 모두 예술 작품을 분석하거나 역사를 기술하거나 현실을 분석하는 비평의 이론적 개념으로 전유함으로써 자기 시대의 문제로 확장했다. 벤야민의 시대는 보들레르와 프루스트가 진정한 교감의 불가능성을 극복하기 위해 선택한 예술이 위기를 맞이한 시대, 달리 말해 예술 작품의 기술적 복제가 가능한 시대였다. 이러한 시대에는 "예술 작품의 유일무이한 현존성"을 증명하는 아우라가 위협받게 된다.

하지만 벤야민은 그 자체를 부정적으로만 판단하지 않았다. 그는 자신의 일관된 변증법적 태도로 그러한 부정적 사태 속에 잠재되어 있는 긍정성 또한 놓치지 않았다. 아우라는 어떤 예술 작품이 진품인지 아닌지를 판단하는 근거가 되지만, 그 아우라가 복제 기술의 발달로 위협받게 된다면 예술 자체의 위기로까지 확대된다. 벤야민 시대의 많은 비판적 지식인들 그리고 멀리 보들레르까지도 복제 기술, 특히 사진의 대중화에 비판적이었다. 사진은 전 세계에서 단 하나밖에 없는 〈모나리자〉를 찍어 현상, 인화, 출력, 복사하는 방식으로 세계 어느 곳이나 무한히 전해줄 수 있다. 이전 시대에 〈모나리자〉를 만나기 위해선 박물관까지 직접 가야만 했고, 이는 대체로 시간과 자금에 여유가 있는 소수에게만 허락되었다. 박물관에 〈모나리자〉가 자리 잡기 전, 그보다 더 이전 시대에는 예술 작품이 특권층 안에서만 유통되는 특수한 사물의 형태였다. 이런 상황에서 아우라의 상실과 예술의 위기란 예술 작품의 대중화나 다름없었다. 기술은 진보했고, 예술 작품을 독점해온 특정 신분은 몰락했다. 벤야민은 이 문제를 더 먼 과거까지 소급하여 예술의 종교의식적 부분에 자리 잡고 있던 사회적 기능의 변화까지도 함께 이야기했다.

예술 생산에서 진품성을 판가름하는 척도가 그 효력을 잃게 되는 바로 그 순간, 예술의 모든 사회적 기능 또한 변혁을 겪게 된다. 종교의식적인 것에 그 근거를 두고 있던 예술의 사회적 기능의 자리에 또 하나의 다른 사회적 실천, 즉 정치에 그 근거를 두고 있는 예술의 다른 사회적 기능이 대신 들어서고 있는 것이다.
—「기술복제시대의 예술작품」, 207쪽

'정치에 그 근거를 두고 있는 예술의 다른 사회적 기능'이란 대중의 문제와 연결된다. 보들레르 시대의 군중은 벤야민의 시대가 되면 문화·예술·생활·경제 일반에 대해 수용하고 소비하는 대중이 된다. 복제 기술의 발달과 사진·영화의 진보는 언제나 대중과 함께 간다. 대중은 예술을 통해 정치적으로 각성될 수 있고 예술 창작의 집합적 주체가 될 수도 있지만, 다른 한편으로는 예술을 통해 권력의 이데올로기를 강화하는 데 동원될 수도 있다. 벤야민 시대에 그것은 "파시즘이 행하는 정치의 예술화 상황"에 맞서 "예술의 정치화"를 실천하고 실험할 수 있는 하나의 긍정적인 가능성을 동시에 의미하는 일이었다.

다시 보들레르로 돌아가보자. 보들레르는 도시를 산책하며 자신이 사는 도시를 풍경처럼 인식했다. 이 풍경 속에는 언제나 '군중'이 있었다. 그의 작품 속에 직접적으로 군중이 등장하지 않을 때조차도 그는 언제나 군중을 의식했다. 하지만 보들레르에게 군중은 인격적 집단이 아니었다. 그것은 특정한 방식으로 규정할 수 없는 거대한 '덩어리'이자 자기 앞에 펼쳐진 세계의 진실을 가리는 베일과도 같았다. "군중은 움직이는 베일이었다. 이 베일을 통해 보들레르는 파리를 보았다."「보들레르의 몇 가지 모티브에 관해서」, 134쪽 군중을 통해서 세계를 보고, 군중 사이에서 배회하며 군중에 의해 떠밀리는 경험은 보들레르에게 대단히 결정적이고 독특한 것이었다.

> 보들레르는 자신의 생애를 형성해온 모든 경험들 가운데에서 군중에 의해 떠밀리는 경험을 결정적이고 독특한 것으로 부각시키고 있다. 스스로 움직이고 또 스스로 생명력을 지니며, 거리 산보자를 어리둥절하게 만들었던 군중의 광채는 보들레르에게는 이제 사라져버렸다. 군중의 비열함을 마음에 새기기 위하여 그는, 거기에서는 구제 불능의 여인들과 버림받은 자들조차 어떤 정돈된 생활 방식을 변호하고 방탕한 생활을 매도하며 또 돈 이외에는 모든 것을 배격하는 그러한 대낮의 세태를 세밀하게 관찰하였다. ──「보들레르의 몇 가지 모티브에 관해서」, 164쪽

'군중의 광채'가 사라지자 보들레르는 '군중의 비열함'과 '대낮의 세태'를 면밀히 관찰하기 시작한다. 애초 보들레르에게 군중의 존재는 충격으로 다가왔지만, 얼마 지나지 않아 그는 군중의 머리 위에 씌워진 아우라를 걷어냈고, 그러자 무리 속에서 개별적인 존재들이 눈에 들어오기 시작했다. 거기에는 부유한 상인, 은행가, 공무원이 있었고, 노름꾼과 창녀, 가난한 노파도 있었다. 군중이란 계급이

나 어떤 특정한 구조의 집단이 아니라 거리를 오가는 행인의 무리에 불과했던 것이다. 이러한 군중 속에 서정시가 아닌 시를 쓰는 시인의 독자가 있었으며, 상품으로서의 시집을 구매하는 소비자가 있었다.

군중이 단순히 거리를 오가는 행인의 무리를 뜻하는 한, 보들레르 자신 또한 군중의 무리에서 벗어날 수 없었다. 그는 때로는 군중의 일부가 되어, 또 때로는 그러한 군중의 무리를 경멸에 찬 시선으로 바라보는 자가 되어 도시의 이곳저곳을 산책했다. 그에게 완벽한 산책자란 군중 속에 거처를 마련하는 데서 무한한 기쁨을 느끼는 자, 집 밖에 있으면서도 자기 집 안에 있는 듯한 느낌을 받는 자, 세계의 중심에 있으면서도 세계로부터 숨어 있는 것을 즐기는 자였다.

> 그가 비록 대도시 군중이 끌어당기는 힘에 굴복하여 그들과 함께 거리 산보자의 한 사람이 되었지만, 그러나 그러한 군중의 비인간적인 속성에 대한 느낌은 그를 떠나지 않았다. 그는 자신을 그들의 공범자로 만듦과 동시에 또한 그들로부터 자신을 격리시키고 있다. 그는 꽤 깊이 그들과 결탁하고 있지만, 그것은 다만 단 한 번 경멸의 시선을 던짐으로써 부지불식간에 그들을 무가치한 존재로 내팽개쳐버리기 위함이었다.
>
> ──「보들레르의 몇 가지 모티브에 관해서」, 139쪽

산책자는 목적 없이 도시의 여기저기를 배회한다. 그에게는 지켜

야 할 약속도, 정해진 시간에 도착해야만 할 목적지도 없다. 산책자는 자본주의가 요구하는 노동과 일상의 시간표에 반하는 자기만의 시간관을 갖고 있으며, 목적 없이 불특정한 장소를 자유롭게 이동한다. 산책자는 느릿한 걸음으로 자기 눈에 들어오는 모든 풍경을 꼼꼼하게 관찰하고, 거기에서 받은 인상과 느낌을 대화처럼 혹은 독백처럼 입 밖으로 쏟아낸다. 보들레르의 시는 대체로 이런 식으로 만들어졌다.

벤야민은 19세기의 보들레르가 군중에게서 느꼈던 막연한 친밀감과 경멸의 감정을 더 적극적으로 밀고 나갔다. 보들레르와 마찬가지로 그 역시 군중 속에서 고독을 느끼는 도시의 산책자였다. 베를린에서 보낸 유년기에 관한 이야기나 모스크바 여행기에서 알 수 있듯이, 도시를 배회하고 산책하는 것에 관한 한 그에게는 탁월한 감각이 있었다. 그는 산책을 독특한 것으로 만드는, '도시에서 헤매는 기술'을 터득하기 위해 무수한 '연습'을 거듭했다. 벤야민에게 '연습'이란 자신의 동작을 기계장치의 획일적 움직임에 맞추는 공장 노동자의 '훈련'과 대비되는 것으로서, 개인과 집단의 경험이 조화롭던 시대의 '경험'을 회복하려는 의도와 맞닿아 있다. 파리 혹은 프랑스는 이러한 연습을 집중적으로 하기에 더할 나위 없이 적합한 장소였다. "프랑스는 세 번에 걸쳐 대혁명이 있었던 곳이며, 망명객들의 고향이고, 유토피아적 사회주의의 근원지이고, 폭군을 증오하던 키네와 미슐레의 모국이며, 파리 코뮌의 전사들이 누워 있는 곳이기도 하다. 마르크스와 엥겔스의 눈에 비친 프랑스 상도 그러하였고 메링에게도 그러하였으며, 푹스에게도 '문화와 자유의 아방가르드'로서 프랑스라는 나라는 여전히 그렇게 보였다."「수집가와 역사가로서의 푹스」, 295쪽 벤야민 또한 이러한 인식에 깊이 공감했다.

보들레르가 군중이라는 베일의 안팎을 들락거리며 그것을 걷어냈을 때 세계가 보여주는 모습을 우울한 시선으로 바라보았다면, 벤야민은 그 군중에게 현실의 모습을 왜곡된 방식으로 포장해서 보여주는 '상품'이라는 베일에 주목했다. 베일을 걷어내면 그 안에는 또 한 겹의 베일이 있다. 자본주의가 발달할수록 베일은 더욱 복잡하고 세련된 모습으로 우리 앞에 나타난다. 벤야민이 주목한 '상품'이라는 베일은 상점의 쇼윈도 안에만 있는 것이 아니다. 인간의 노동을 비롯해 존재하는 모든 것에 '가격'이 매겨지고 화폐와 교환되는 한, 그것은 하나의 '상품'이다.

보들레르가 경악했던 군중의 무리를 벤야민은 한층 더 복잡한 시선으로 바라보았다. 보들레르에게 '베일'로 인식되었던 군중을 벤야민은 집단의 잠에 깊이 빠져 있는 존재로 파악한다. 1930년대 파시즘의 어두운 그림자가 유럽의 전 지역에 짙게 내려앉기 시작한 그 시간들 속에서 벤야민은 이러한 사태를 가져온 근원들에 대해 생각한다. 19세기 보들레르의 시대, 아케이드와 철골 건축, 계통 없는 부르주아의 실내 공간과 파리의 뒷골목들을 그는 파리의 국립도서관 구석에 앉아 꼼꼼하게 산책한다. 벤야민이 볼 때 군중이 빠져든 '집단의 잠'은 부지불식간에 나타난 것이 아니다. 자본주의적 문화 산업의 발달, 상품에 덧씌워진 화려한 치장과 화폐에 대한 숭배, 파편화된 관계들, 권력–자본이 미디어에 가하는 압력 등이 사람들로 하여금 현실에서 눈을 돌리게 만들고 현실에 대한 왜곡된 이해와 거짓 욕망에 집착하도록 만들어왔다. 그 결과 대중은 파괴되어가는 삶에 대한 분노를 해소시켜줄 약자를 무의식중에 찾아 헤매게 된다. 파시즘의 창궐!

벤야민은 대중(군중)의 성격을 단순히 일면적으로 규정하지 않았다. 계급이나 특정 구조의 집단으로 수렴되지 않는 무형의 존재들, 거리를 오가는 행인으로서 대중 속에는 다양한 잠재성이 숨어 있다는 점을 놓치지 않았다. 무엇보다 그들 중에는 이미 제2제정기 때부터 혁명을 꿈꾸고 도모했던 노동자들이 언제나 살아 있었다. 『아케이드 프로젝트』의 여러 항목들 속에는 벤야민이 사회운동이나 노동자들의 조합 활동과 조직화에 주목했던 흔적이 남아 있다.

3. 공부하는 자의 출구 : 카프카로부터

벤야민과 카프카는 어딘지 모르게 닮아 있다. 부유한 유대인 상인의 아들로 태어나 생활의 불편을 몰랐던 성장기, 아버지에 대한 끊임없는 의식과 그로부터 탈출구가 되어준 독특한 글쓰기의 실험, 성인이 된 이래 계속된 불운들, 세계를 보는 자기만의 시선과 절망에 이르기까지. 그러므로 카프카가 어떤 보완적이고 고립된 세계에 존재하고 있다고 벤야민이 말했을 때, 그 말은 본인에게도 해당되었던 셈이다. 그들은 자신들의 시대와 현실에서 한 발 물러서서 그것들을 주의 깊게 관찰하기를 즐겨 했고, 벤야민 자신의 표현처럼 "다가올 파국적 미래를 본질적으로 자신에게 해당하는 개별적인 것으로서 인지"「좌절한 자의 순수성과 아름다움」, 99쪽했다. 계속되는 실패와 불운 속에서 글쓰기에 대한 노력과 애정에도 불구하고 그들은 살아 있을 때 성공한 작가나 비평가로 인정받지 못했다. 시대의 불구성과 함께 가는 그들 자신의 개인적 삶에 대한 통찰과 그것으로부터 비롯된 미래에 대한 어두운 전망을 알아차릴 만큼 그들의 시대는 현명하지 못했던 까닭이다. 벤야민이 '집단의 잠에 빠져 있는 19세기'를 이야기했을 때, 그것은 동시에 자기 시대를 염두에 둔 것이기도 했다.

두 장의 사진

카프카를 보는 벤야민의 시선. 가련하고 짧았던 어린 시절의 카프카 모습을 담고 있는 한 장의 사진에 대해 벤야민은 이렇게 묘사한다.

이 사진은 아마 19세기의 사진 아틀리에에서 찍은 것 같은데, 이 아틀리에에는 휘장과 종려나무, 수를 넣은 장식용 직물과 화가畵架(화판틀) 등으로 이루어졌기 때문에 그곳이 고문실인지 아니면 알현실인지 분간하기가 힘들다. 거기에 여섯 살쯤 들어 보이는, 장식용 레이스를 잔뜩 단 소년이 버릇을 좀 잡아주자는 식으로 꼭 끼는 아동복을 입고 겨울정원 풍경 비슷한 배경 앞에 서 있다. 배경에 종려나무 가지들이 움직이지 않고 고정되어 있는 것이 보인다. 마치 이 박제화된 열대 풍경을 좀 더 답답하고 무겁게 해야만 직성이 풀리기라도 하듯 모델이 된 소년의 왼손에는 스페인 사람들이 쓰고 다니는 것과 같은 터무니없이 커다란 챙 넓은 모자가 들려 있다. 한없는 슬픔을 품은 눈이 미리 장치해 놓은 그 인위적 풍경을 지배하고 있고, 또 소년의 커다란 귀의 귓바퀴가 그 풍경의 소리에 귀를 기울이고 있는 듯하다.

— 「프란츠 카프카」, 70~71쪽

벤야민은 사진을 보지 않는다. 사진을 보는 것이 아니라, 사진 속에 담긴 카프카의 모습, 그의 차림새와 사진의 배경, 그리고 배경의 분위기까지 꼼꼼하게 '읽고' 있다. 무엇인가 그 속에 감추어진 비밀을 찾아내려는 듯이, 돋보기를 들고 사건의 실마리를 찾아 현장을 뒤지는 탐정처럼.

또 한 장의 사진이 있다. 10살 무렵의 벤야민과 그의 남동생 게오르그의 모습을 담고 있는 사진이다. 알프스 산간 지역의 풍경을 배경으로 목동 복장을 한 두 소년의 전신을 담은 사진은 카프카의 경우와 마찬가지로 당시 부르주아 사이에서 유행하던 스튜디오 사진의 한 전형이다. 벤야민은 이 사진에 대해 이렇게 묘사한다.

나는 아마포 등갓과 쿠션 그리고 탁자에 둘러싸여 있었다. 이것들은 제물의 피를 탐하는 저승의 왕 하데스의 그림자처럼 내 형상을 갈구하고 있었다. 마침내 나는 알프스산맥이 거칠게 그려진 배경화 앞에 세워졌고, 양털 장식이 달린 작은 모자를 든 내

오른팔은 배경화 속의 구름과 만년설 위에 그림자를 드리우고 있었다. 그렇지만 이 어린 알프스 소년 입 주위의 억지 미소보다 더 서글픈 것은 실내에 놓인 관상용 야자수 그림자 속에서 나를 내려다보고 있는 어린 얼굴의 눈길이다. 그 야자수는 어떤 아틀리에에서 가져온 것이다. 의자와 카메라 받침대, 벽걸이 양탄자와 화판대 등이 놓여 있고 규방과 고문실의 분위기를 띤 그런 아틀리에에서. 나는 모자를 쓰지 않고 서 있다. 왼손에 터무니없이 챙이 넓은 커다란 모자를 배운 대로 우아하게 들고서…… 나는 여기 나를 둘러싼 모든 것을 닮아 일그러져 있다. 연체동물이 조개껍질 속에서 살듯 나는 텅 빈 껍질처럼 공허한 19세기 안에 안주해 있었다.
　　　　　　　　　　　　　　　　　　　─ 『발터 벤야민』, 11~12쪽

　알프스산맥이 거칠게 그려진 배경화 앞에 세워진 채 억지 미소를 지어야만 했던 유년 시절의 한 장면을 회상하던 벤야민은 곧 자신과 같은 처지에 놓여 있었던 한 소년의 사진을 떠올린다. 자신의 '억지 미소보다 더 서글픈 것은 실내에 놓인 관상용 야자수 그림자 속에서 나를 내려다보고 있는 어린 얼굴의 눈길'이라고 말하는 벤야민은 바로 그 순간에 소년 카프카가 된다. 벤야민 자신과 동생의 모습이 담긴 사진에 대한 이야기는 어린 카프카를 담은 사진에 대한 묘사로 옮아간다.
　그런데 이런 종류의 혼란은 벤야민에게 중요하지 않다. 그가 말하고자 한 것은 한 개인의 유년기에 관한 이야기가 아니라, 그 유년기가 어떤 시대 혹은 사회 속에 놓여 있었나 하는 것이었기 때문이다. 벤야민이 자신의 사진에서 어느 순간 카프카를 떠올리고 그에 대한 묘사로 이야기를 옮아간 것도 이 때문이다. 벤야민과 카프카의 유년기는 모두 '텅 빈 껍질처럼 공허한 19세기'에 속해 있었고, 부르주아 상인 아버지를 둔 덕에 그들 모두 그 시절에 '안주'할 수 있었다.

그들의 유년기를 담은 두 장의 사진에는 모두 비현실적인(혹은 이국적인) 배경과 소품들, 어딘지 모르게 소년들을 불편하게 만드는 코스튬들로 가득하다. 진짜가 아닌 것들로 가득한 스튜디오는 역사와 계통을 무시한 수집가의 방 또는 19세기 부르주아의 실내와 닮아 있다. 아이들은 자신들의 불편함을 대놓고 표현하지 못한다. 억지 미소를 짓거나 불안한 눈빛으로 어딘가를 응시함으로써 자신들이 놓여 있는 상태에 대한 막연한 불안과 불편을 드러낼 뿐이다.

"나는 여기 나를 둘러싼 모든 것을 닮아 일그러져 있다"고 말하는 벤야민 혹은 벤야민과 카프카는 훗날 성인이 된 뒤 글을 쓰는 이가 됨으로써 자신들이 불편해 하던 아버지와 부르주아의 실내, 그리고 텅 빈 껍질처럼 공허한 19세기에 대한 불안에서 벗어날 수 있었고, 그것들에 대해 신랄하게 저항할 수 있었다. 그들은 사진 속의 세계로부터 벗어남으로써 '자유'를 얻었으며, 글 쓰는 이가 됨으로써 어린 시절부터 품어온 세계에 대한 의심과 불안을 표현하고 비판하는 무기를 갖게 되었다.

왼쪽 : 카프카의 어린 시절
오른쪽 : 벤야민과 그의 동생 게오르그의 어린 시절(1902)
"당시의 사진 아틀리에에는 휘장이라든가 종려나무라든가, 벽휘장이라든가 화가畵架 등으로 꾸며졌기 때문에, 이곳은 사형 집행장인지 회의장인지 아니면 고문실인지 알현실인지 좀처럼 분간하기가 힘들었다. 이에 대한 놀라운 증언을 제공해주고 있는 것이 카프카의 어린 시절의 사진이다." (「사진의 작은 역사」, 242쪽)

글쓰기와 공부

카프카의 생애(1883~1924)는 19세기 후반에서 20세기 초반에 걸쳐 있으며, 제1차 세계대전을 전후하여 형성된 세기말적 분위기로부터 자유로울 수 없었다. 체코의 프라하에서 태어난 그는 낮에는 건실한 사무직 노동자의 삶을 살고, 밤에는 낮의 세계가 보여준 기묘한 모습을 소설의 형태로 옮겨 적으며 생애 대부분의 시간을 보냈다. 벤야민은 카프카보다 10년쯤 늦게 태어나 20년 가까이 더 살았지만, 마찬가지로 생애 대부분의 시간을 외국에서 글을 쓰는 사람으로 살았다.

벤야민의 친구 숄렘은 벤야민이 당시의 작가들 중에서 프루스트 다음으로 카프카에게 강한 친밀감을 느끼고 있었다고 말한 적이 있다. 그것은 벤야민 자신이 의식했든 그렇지 않았든 간에 자신의 유년기 사진에 대한 묘사 속에 카프카의 어린 시절 모습이 은연중에 스며들었어도 전혀 이상하게 느껴지지 않을 만큼 자연스러웠다.

카프카가 그의 소설 속에서 주변적이고 가난하고 장애가 있는 소수자들, 때로는 동물들과 기이한 생명체들의 사소함과 무기력함을 독특한 방식으로 풀어냈듯이, 벤야민 역시 폐허와 쓰레기, 어린아이의 언어나 장난감, 사소한 수집품들에 열광했고, 그것들을 통해 한 시대의 진실한 모습을 보여주고자 했다. 그들은 다수의 사람들이 주목하지 않는 삶과 사물들에 주목했고, 그것들을 통해 시대와 역사의 맨얼굴을 드러내는 데 집중했다. 벤야민과 카프카에게 글쓰기란 하나의 표현 형식일 뿐 아니라, 자기 자신과 세상을 이해하고 비평하는 하나의 태도이기도 했던 것이다.

카프카는 프라하에 살면서 체코에 사는 유대인의 독일어로 글을 썼다. 그가 사용한 독일어는 독일에 사는 중산층 이상의 게르만 독일인들이 쓰는 독일어와는 다른 종류의 언어였다. 자신을 지배하는 거대한 세력 및 주류 문학과 끊임없이 긴장을 유지하는 가운데 그의 문학이 갖는 독특함이 탄생한 셈이다. 그는 친구에게 쓴 편지에서 독일계 유대인 작가는 '세 개의 불가능성' 속에 살고 있다고 고백한 바 있다. 쓰지 않는 것의 불가능성, 독일어로 쓴다는 것의 불가능성(그는 독일어로 글을 썼지만, 그의 독일어는 체코에 사는 유대인의 독일어였다), 다른 언어로 쓰는 것의 불가능성. 이 세 가지 불가능성이 만들어내는 긴장과 끊임없이 불화하면서 카프카는 자기만의 문체를 발견할 수 있었던 것이다.

이런 사정은 벤야민도 다르지 않았다. 성인이 된 이후로 유럽의 많은 나라를 떠돌아다녔던 벤야민은 프랑스 파리에 가장 오랫동안 머물렀다. 이 때문에 때로는 프랑스어로 글을 쓸 때도 있었지만, 그의 글쓰기는 대체로 카프카가 말한 '세 개의 불가능성' 속에 속해 있었다. 특히 벤야민에게 어떤 언어로 글을 쓸 것인가의 문제는 언제나 어떤 형식으로 글을 쓸 것인가의 문제를 동반했다. 알려진 바대로 그의 악명 높은 교수자격논문인 『독일 비애극의 원천』은 논문적 글쓰기의 일반적 형식과 사뭇 달랐고, 그가 시도한 연구의 방법론 역시 기존의 학자들이 이해하기에는 요령부득한 것이었다. 그는 독일 최고의 비평가가 되려는 야심을 품었지만, 그가 즐겨 사용했던 '에세이' 형식은 당시 지식인들 세계에서는 결코 권위를 인정받을 만한 것이 못 되었다.

사실 벤야민에게 더 핵심적인 고민거리는 어떤 언어로 글을 쓸 것인가의 문제보다 어떤 방식으로 글을 쓸 것인가에 있었다. 즉 새로운 종류의 글쓰기를 실험하고, 이를 통해 고유한 문체를 창안하려는 욕망이 있었던 것이다. 하지만 이 문제는 단지 하나의 새로운 스타일을 만들어내는 것만을 의미하지는 않았다. 새로운 문체와 스타일에 관한 문제는 기존의 학문적 질서와 글쓰기 방식을 파괴함으로써 폭넓은 독자 대중과 소통하고, 그들과 함께 현실의 문제를 들추어내며 새로운 삶의 가능성을 실험하는 벤야민 자신의 혁명적 기획을 염두에 둔 것이었다.

> 문학이 중요한 효과를 거둘 수 있는 것은 오직 실천과 글쓰기가
> 정확히 일치하는 경우뿐이다. 그러기 위해서는 포괄적 지식을
> 자처하는 까다로운 책보다, 공동체 안에서 영향력을 행사하기에
> 더 적합한 형식들, 예컨대 전단, 팸플릿, 잡지 기사, 포스터 등과
> 같은 형식들이 개발되어야 한다.　　　　　─『일방통행로』, 69쪽

지식인은 글을 읽고 쓰는 것으로 자신의 존재를 증명한다. 하지

만 지식인이 구사하는 언어는 대체로 학문의 세계에서만 통하는 폐쇄적인 것이다. 모든 분과 학문의 체계는 고유한 개념과 언어적 질서의 카테고리 속에서 작동하며, 그것이 이른바 전문가와 비전문가를 가르는 기준이 된다. 폐쇄적이고 전문적인 지식인들의 언어는 지식-권력의 증거이다. 벤야민은 이러한 지식과 학문의 보수적인 성격에 비판적이었고, 지식인 혹은 문인의 글쓰기가 의미 있으려면 실천과 글쓰기가 정확하게 일치해야 한다고 말했다. 이때의 실천은 자신이 말한 것이나 글 쓴 것과 행동이 괴리되지 않는 상태, 또는 최소한 그 괴리를 좁혀가기 위해 노력하는 것을 의미한다. 이 때문에 그는 "훌륭한 작가는 자기가 생각한 것 이상을 말하지 않는다"라고 했던 것이다.

『아케이드 프로젝트』를 작업하면서 벤야민은 그 자신이 말했던 훌륭한 작가가 되는 법을 실천했다. "말할 수 있는 것은 아무것도 없다. 그저 보여줄 뿐"이라는 방법론을 실천하기 위해 그는 인용으로만 이루어진, 기존의 관점에서 보자면 미완성인 글쓰기의 형식을 실험함으로써 카프카가 말했던 '세 개의 불가능성'을 극단적으로 밀어붙였다. 글쓰기의 사진적 기법이라고 할 만한 '인용'의 글쓰기는 하나의 참조처나 보완물이 아니라, 그것을 통해 글을 쓰는 주체는 지워지고 인용된 문장들 스스로가 말하고 무엇인가를 보여주도록 만드는 예외적인 방식이었다.

일체의 해설이나 설명 없이 인용문 스스로 말하게 하는 것, 그것을 위해 글을 쓰는 주체의 자리를 지워버리는 벤야민의 색다른 글쓰기 실험은 한편으론 카프카의 어떤 이야기를 연상시킨다.

> 진짜 인디언이라면, 달리는 말에 서슴없이 올라타고, 비스듬히
> 공기를 가르며, 진동하는 땅 위에서 이따금씩 짧게 전율을 느낄
> 수 있다면, 마침내는 박차도 없는 박차를 내던질 때까지, 마침내
> 는 고삐 없는 말고삐를 내던질 때까지, 그리하여 앞에 보이는 땅
> 이라곤 매끈하게 다듬어진 광야뿐일 때까지, 벌써 말 목덜미도
> 말머리도 없이.　　　　　　　　　—「인디언이 되고 싶은 마음」, 41쪽

카프카가 생각하는 진짜 인디언은 이런 존재다. 자신이 부리는 말과 하나가 되며, 그 말은 다시 그가 달리는 대지와 하나가 되는. 그것은 말과 대지를 자기 뜻대로 부리는 방식과는 다르다. 오히려 나의 존재를 지워버리는 것, 다시 말해 자신을 달리는 말의 강밀도 속으로 밀어 넣고, 달리는 말은 말굽이 닿는 대지의 호흡 속으로 자신을 밀어 넣음으로써 다시 자신을 지워버리는 방식이다. 벤야민은 커다란 눈동자 가득 슬픔을 담고 있는 어린 카프카의 사진을 들여다보다가 문득 이렇게 말한다. "'인디언이 되고 싶은' 열렬한 소망이 한때 이 커다란 슬픔을 삼켜버렸는지도 모른다."「프란츠 카프카」, 71쪽 카프카의 소망은 벤야민 자신의 소망이기도 하지 않았을까?

자기 자신을 고집하지 않고 끊임없이 다른 무엇인가가 되고자 한

다는 점에서 글쓰기는 공부의 한 과정이며 표현이다. 들뢰즈에 따르면 카프카의 글쓰기−공부는 이런 것이었다. "구멍을 파는 개처럼 글을 쓰는 것, 굴을 파는 쥐처럼 글을 쓰는 것, 그리고 이를 위해 자기 자신의 저발전의 지점을 찾아내는 것, 자신의 방언을, 자기 자신의 제3세계를, 자신의 사막을 찾아내는 것".『카프카』, 48쪽 '인디언이 되고 싶은 소망'은 여기서 글을 쓰는 주체인 나를 지우고 개와 쥐의 강밀도로 오로지 글을 쓰는 행위 자체만 남긴다. 이를 위해서 자신의 가장 약한 고리부터 파헤치는 고통도 불사한다. 그 과정에서 문체와 스타일은 방언 혹은 제3세계로서 발견될 것이다. 카프카와 벤야민은 이러한 실험을 자신들 운명의 지표로 삼았다.

벤야민과 카프카의 글쓰기는 언제나 깨어 있고자 했기 때문에 가능한 일이었다. '깨어 있는' 방법을 선택함으로써, 자신들의 시대를 견디며 맑은 눈으로 그것을 바라볼 수 있었고 그들 고유의 방식으로 기록해 나가는 일이 가능했다. 깨어 있다는 것은 잠을 자지 않는 상태를 유지하는 일이며, 일종의 금욕적 자기 규율의 태도인 한 고통스러울 수밖에 없다.

공부를 하고 있는 동안 학생들은 깨어 있다. 그리고 어쩌면 그들을 깨어 있게 하는 것이 바로 그러한 공부가 갖는 가장 좋은 점인지도 모른다. 단식 광대는 단식을 하고, 문지기는 침묵을 지키며, 학생들은 깨어 있다. 이처럼 카프카에 있어서는 금욕의 커다

란 규율들이 은밀하게 작용하고 있는 것이다. 이러한 규율들이
성취하는 최대의 성과가 공부이다.

카프카에게 공부는 '고통'과 다르지 않았고, 벤야민은 그러한 사
정을 놓치지 않았다. 카프카 작품의 인물들은 금욕의 규율을 수행함
으로써 스스로 고통 속으로 들어간다. 그 고통은 어떤 행위의 순간에
짧게 발생하는 것이 아니라 단식을 하는 과정 자체에, 질문과 도발에
아랑곳하지 않으며 법의 문을 지키는 침묵의 시간 안에, 낯선 문장들
과 마주하는 불면의 밤 속에 지속적으로 들러붙어 있다. 또한 고통을
느끼는 신체가 한순간 죽음의 문턱을 넘어 깨달음을 얻게 될 때까지
계속된다. 금욕의 규율을 수행하는 일 자체를 공부라고 부를 수 있다
면, 그것이 습관과 중력의 힘에 대한 목숨을 건 저항이며 그 경험이
자기 자신을 넘어서는 일이기 때문이다.

잠을 자지 않고 깨어 있다는 것은 벤야민에게는 금욕적인 자기
규율 이상이었다. 벤야민이 생각하기에 잠을 잔다는 것은 베일에 싸
인 시대를 의심하지도 않고 그것의 맨얼굴(진실)을 궁금해 하지도 않
으며 현 상태에 안주하는 태도를 의미했다. 그는 『아케이드 프로젝
트』에서 상품이 만들어내는 가짜 아우라에 도취된 시대로서 19세기
와 집단의 잠에 빠진 그 시대 사람들의 모습을 보여주었다.

그런데 정작 그는 잠을 자는 것 자체를 부정적으로만 바라보지

카프카에 관한 원고에 대해 벤야민이 수정할 것을 정리한 메모

1934년 6월부터 10월까지, 벤야민은 덴마크에 망명해 있는 브레히트를 방문했다. 이곳에서 그들은 벤야민이 쓴 카프카에 관한 논문을 놓고 토론을 벌였는데, 벤야민은 이때 브레히트와 나눈 대화를 염두에 두고 원고를 수정·보완했던 것 같다. 이에 대한 자세한 내용은 「브레히트와의 대화」를 참고할 것.

않는다. 잠을 자야만 인간은 꿈을 꿀 수 있기 때문이다. 꿈은 실현
불가능한 몽상이기도 하지만, 현실에 대한 강력한 원망과 더 나은 삶
에 대한 의욕을 포함하고 있기 때문이다. 꿈을 꾸는 사람들이 잠에서
깨어났을 때, 즉 '각성'에 이르렀을 때 '혁명'은 시작된다고 벤야민은
믿었다.

근대 중국의 사상가 루쉰(1881~1936, 『광인일기』·『아큐정전』의 작가 겸
사상가. 모든 허위를 거부하고 현실에 뿌리박은 사고를 강조했다)은 이것을 '납
함吶喊'이라고 불렀다. 철방 안에서 잠을 자고 있는 사람들, 그대로 두
면 모두 질식해서 죽을 사람들을 깨우기 위해 깨어 있는 소수의 사
람들이 힘껏 고함치고 소리 질러야 한다는 것. 자기 자신은 깨어 있
지만 잠을 자고 있는 사람들을 깨우는 일은 외롭고 힘들다. 그 때
문에 카프카의 공부를 바라보면서 벤야민은 이렇게 말했던 것이다.
"어쩌면 그는 공부를 하면서, 여전히 역할의 상관관계 속에 있는 자
신의 현존재의 단편과 마주치게 될지도 모른다. (···) 그는 자신을 이
해하게 될지도 모르지만 그러기 위해서는 얼마나 엄청난 노력이 필
요할 것인가! 망각의 땅으로부터 불어오는 것은 폭풍이고, 공부라는
것은 그 폭풍을 막아내려는 기병騎兵의 전진이다."「프란츠 카프카」, 94쪽 공부
란 살던 그대로의 방식을 의심하고 가고 있던 그대로의 길에서 멈추
는 것, 전진하던 길을 다른 방향으로 되돌리는 것과 같기 때문이다.

카프카는 왜 '공부'하지 않을 수 없었을까. 벤야민은 카프카가 살
았던 시대의 공기가 그로 하여금 공부하지 않으면 안 되게끔 부추겼

다고 말한다.

> 인간들 상호간의 소외감이 최고조에 이른 시대, 불투명해진 관계
> 가 인간의 유일한 관계가 되어버린 시대에 영화와 축음기가 발
> 명되었다. 영화 속에서 사람들은 자신의 움직임을 알아보지 못
> 하며, 축음기 속에서는 자신의 음성을 알아듣지 못한다. 이것은
> 실험이 증명하고 있는 바다. 이러한 실험들 속에서 실험 대상이
> 되고 있는 인간의 상황이 카프카의 상황이다. 이러한 상황이 바
> 로 그로 하여금 공부를 하도록 지시하고 있는 것이다.
>
> —「프란츠 카프카」, 93~94쪽

이러한 시대의 분위기는 벤야민이 사는 시대에도 똑같이 적용된
다. 게다가 카프카의 경우에는 크게 영향받지 않았던 파시즘의 공기
를 벤야민은 생애 마지막 순간까지 힘겹게 호흡하지 않을 수 없었다.

카프카와 벤야민은 자본주의적 관계가 인간의 삶에 전면적으로
영향력을 행사하기 시작한 시대에 젊은 시절을 보냈다. 이 시대에 노
동자는 자기 노동의 가치로서가 아니라 기계의 부품으로 생산도구화
되며, 자신이 생산한 상품으로부터, 그리고 다른 노동자나 자본가로
부터 소외가 일상화된다. 공동체적 관계는 파탄나고 공업화·산업화
의 결과 대도시와 군중이 탄생한다. 군중은 직접적이고 인격적인 존
재가 아니라 하나의 거대한 덩어리(mass)처럼 도심의 여기저기에서

마주치게 되는 하나의 도시적 풍경에 불과하다. 영화와 축음기의 발명 등 기술 문명의 발전은 인간의 보고 듣는 방식을 결정적으로 바꾸었지만, 그것은 인간을 위한 것이 아니라 인간이 기술과 도구의 대상으로 전락하는 결과를 가져왔다.

보들레르라면 이런 시대와 도시, 그리고 군중 사이를 산책하면서 편안함을 느꼈을지 모른다. 벤야민 역시 때로는 산책하고 헤매면서 도시와 군중을 향해 날카로운 시선을 던지곤 했다. 하지만 다른 한편으로 그는 카프카의 방식, 집요하게 굴을 파고 사막에 길을 내듯 글을 쓰며 공부하는 모습을 동시에 보여주었다. 그것은 소외와 불투명이 모든 관계의 특징이 된 시대와 인간의 삶을 한층 편안하고 즐겁게 만들기 위한 도구들에 의해 인간 자신이 도구로 전락하는 부조리한 상황을 이해하고자 한 노력, 이 과정 속에서 자신의 위치와 존재를 발견하려는 공부, 즉 끔찍한 현실에서 벗어나기 위한 출구를 발견해가는 실천이었다.

법의 얼굴들

벤야민은 공부를 "정의로 나아가는 문"이라고도 했다. 그것은 "단지 연구되기만 하고 더 이상 실행되지 않는 법"「프란츠 카프카」, 95쪽의 다른 이름이었다. 법이란 실행됨으로써만 존재를 드러낼 수 있는데, 벤야민은 법 실행의 정지와 정의를 연결지음으로써 법의 존재 가치에 대해 강력하게 문제의식을 드러냈다. 법은 폭력의 다른 이름이기도 했기 때문이다.

벤야민에 따르면 우리 삶에 영향력을 행사하는 법은 역사적으로 인정된, 이른바 승인된 폭력이나 다름없다. 법은 개인들 간의 사적인 복수를 금지하고, 그것을 전유함으로써 권위를 유지하고 보증받는다. 이러한 승인된 폭력을 가리켜 벤야민은 '법 보존적' 폭력이라고 불렀다. 법은 근본적으로 하나의 목적을 갖는데, 그것은 모든 개인에 맞서 폭력을 독점하는 것이다. "법의 수중에 놓여 있지 않은 폭력은 그 법에 위험으로 작용하는데, 그 이유는 그 폭력이 추구하는 목적 때문이 아니라 그 폭력이 법의 외부에 존재한다는 사실 때문"「폭력비판을 위하여」, 86쪽이다. 개인들은 법에 의지해서만 '복수'를 할 수 있고, 법은 법의 이름으로 개인들의 복수를 대리함으로써 개인·시민·국민을 그 아래 복종시킨다. 이런 식으로 법은 개인들 상호 간 그리고 개인과 집단, 집단과 집단 사이에서 벌어질 수 있는 폭력적 사태를 방지하고, 이미 벌어진 폭력에 대해서는 벌주면서 한 공동체 혹은 국가의 질서를 유지한다. "법은 개인의 수중에 놓인 폭력을 법질서를 전복할 위험 요소로 간주"같은 글, 85쪽하며, 그것을 철저히 금지한다.

그럼에도 불구하고 법의 테두리 안에서 '폭력'을 사용하는 일이 허용되는 경우도 있는데, 이를테면 노동자들에게 보장된 파업권과 같은 경우가 그렇다. 파업은 그 자체로 어떤 행동(노동)을 중지하는 것이고, 그런 한 비폭력적이고 순수한 수단일 수 있다. 파업권 속에는 특정한 목적을 이루기 위해 폭력을 사용할 권리 또한 포함되어 있다. 파업의 행위가 어떤 목적을 달성하기 위한 일종의 '협박'의 수단으로 사용되기 때문이다. 따라서 정치적 총파업의 경우, 국가는 그것이 권리의 남용이라는 이유로 불법으로 간주한다. 노동자들의 파업권은 작게는 그들이 관계 맺고 있는 자본가들에 대한 협박이고, 크게는 그들에게 폭력을 행사할 권리를 부여한 법질서를 전복하기 위한 수단으로서 폭력이다.

법이 폭력을 허용하는 또 하나의 경우는 전쟁권인데, 전쟁권은 아주 직접적이고 강탈적인 폭력이다. 특이한 것은 그것이 의례적으로 어떤 수준의 '평화'를 요구한다는 점이다. 그 평화는 이전에 없었던 새로운 종류 혹은 새로운 내용의 법을 만들어내는 방식으로 실천된다.

결국 법이 보장한 파업권이나 전쟁권이 만들어내는 폭발적인 폭력의 잠재성 속에는 어떤 '법 정립적' 성격이 내재해 있는 것이다. 이러한 모순에 대해 벤야민은 "국가는 이러한 폭력을 전적으로 법 정립적인 것으로 두려워하는데, 이는 외부의 힘들이 국가에게 전쟁권을 인정하도록 강요하고 계급들이 자신들에게 파업권을 인정하도록 강요할 때 국가가 그러한 폭력을 법 정립적인 것으로 인정하지 않을 수 없는 데서 엿볼 수 있다"「폭력비판을 위하여」, 90쪽고 지적한다.

법 정립적 폭력은 분노와 같은 감정을 동반하여 직접적으로 발현된다는 점에서 '신화적 폭력'과 연결된다. 벤야민은 이것을 그리스 신화에 등장하는 나오베의 이야기를 통해 설명한다. 탄탈로스의 딸이자 테베의 여왕인 니오베는 부와 명예 그리고 14명의 자식을 두었다는 자만심으로 그 어떤 여신보다 모자랄 것이 없다며, 테베에서 모시는 여신 레토를 조롱했다. 이에 분노한 레토는 자식인 아폴론과 아르테미스를 시켜 니오베의 자식들을 모두 활로 쏘아 죽이게 했다. 자식을 잃은 슬픔을 이기지 못한 니오베는 바위로 변하고 만다.

니오베는 법을 위반했기 때문이 아니라 자신이 감당할 수 없는 존재에 시비를 거는 방식으로 운명과 싸우고자 했기 때문에 벌을 받는다. 그러나 레토가 니오베에게 행사한 폭력은 법 보존적 폭력의 형벌을 넘어서고 있다. 신을 화나게 한 이는 니오베였지만, 벌을 받은 사람은 그녀의 자식들이었기 때문이다. 이런 점에서 "법 정립은 권력의 설정이며 그 점에서 폭력을 직접 발현하는 행위이다."같은 글, 108쪽 이러한 신화적 폭력 안에 법 정립적 폭력과 법 보존적 폭력이 모두 포함된다. 법 정립적 폭력은 "모든 신화적 폭력, 개입하여 통제하는 폭력"이며, 법 보존적 폭력은 법 정립적이고 신화적인 폭력에 "봉사하는, 관리된 폭력"이기 때문이다.

이들과 전혀 다른 층위에 '신적 폭력'이 있다. 벤야민이 보기에 신적 폭력은 유대교의 메시아주의와 깊이 연결된다. 벤야민은 신적 폭력만이 법 보존적이고 법 정립적인 모든 신화적 폭력을 중단시키고 그 역사적 기능을 파괴할 능력을 지니고 있다고 본다.

신화적 폭력이 법 정립적이라면 신적 폭력은 법 파괴적이고, 신
화적 폭력이 경계를 설정한다면 신적 폭력은 경계가 없으며, 신
화적 폭력이 죄를 부과하면서 동시에 속죄를 시킨다면 신적 폭
력은 죄를 면해주고, 신화적 폭력이 위협적이라면 신적 폭력은
내리치는 폭력이고, 신화적 폭력이 피를 흘리게 한다면 신적 폭
력은 피를 흘리지 않은 채 죽음을 가져온다.

— 「폭력비판을 위하여」, 111쪽

신적 폭력만이 '정의'와 연결된다. 왜냐하면 신적 폭력은 법적 이
해관계의 바깥에 있으며, 권력을 수립하고 유지하는 모든 지배 관계
의 외부에 있기 때문이다. 그런 한에서 신적 폭력은 종교적 전승을
통해서만 입증되는 것이 아니라 오늘날의 삶에서도 발견할 수 있다.
"완성된 형태의 교육적 폭력으로서 법의 테두리 밖에 있는 것이 그
러한 신적 폭력의 현상 형식들 중 하나이다."같은 글 112쪽 "이 신적 폭력
은 죄인을 두고 군중들이 여는 신의 법정에서와 꼭 마찬가지로 진정
한 전쟁에서 나타날 수 있"같은 글, 116쪽으며, 그런 한에서 '주권적'인 것
이다.
그런데 「폭력비판을 위하여」에서 벤야민은 '진정한 전쟁'의 의미
가 무엇인지, 그것의 주체가 누구인지를 명시적으로 밝히지 않았다.
다만 폭력을 독점하려는 법의 강박을 보여준 노동자들의 파업권 사
례를 통해 그 의도를 암시하고 있을 따름이다. 노동자들의 파업권,

그리고 개인들의 특정한 이해관계를 넘어서는 정치적이고 경제적인 총파업은 법과 그것을 기반으로 조성된 권력의 질서를 교란하고 위협하며 전복할 수 있는 잠재성을 지닌다는 점에서 어쩌면 가장 현실적인 신적 폭력의 예시인지도 모른다.

훗날 벤야민이 "역사적 인식의 주체는 투쟁하는, 억압받는 계급 자신"「역사의 개념에 대하여」, 343쪽으로 규정하며 "진정한 비상사태를 도래시키는 것을 우리의 과제"로 삼아야 한다고 했을 때, 그것은 '진정한 전쟁'의 방식으로 발현되는 '신적 폭력'의 문제와 호응한다. 억압받는 계급이자 투쟁하는 노동자가 주체가 되는 '진정한 비상사태의 도래'야말로 벤야민이 꿈꾸던 좋은 세상을 위한 구체적인 실천이자, 맑스주의와 메시아주의를 결합한 벤야민 특유의 변증법적 방식이며, 법과 정의, 역사 등을 통해 궁극적으로 도달하고자 한 '정치'의 핵심이었던 셈이다.

카프카, 특히 카프카의 '법'을 다루는 방식을 바라보는 벤야민의 시선 속에는 그 자신의 법과 정치, 역사에 대한 관점이 자연스럽게 스며들어 있다. 하지만 벤야민은 자신의 입장을 척도로 삼아 카프카의 작품을 재단하지 않았고, 둘 사이의 유사성을 발견하는 데 골몰하지도 않았다. 오히려 카프카의 작품에서 특이성을 발견하는 데 집중했던 것처럼 보인다. 그렇지 않았다면, "카프카의 이미지는 대단히 훌륭하다. 그러나 그 밖의 것은 비밀의 잡동사니이다. 그러한 것들은 도외시하지 않으면 안 된다"는 브레히트의 충고에도 불구하고 "카프카의 작품에는 실제로 상당한 양의 쓸모없는 찌꺼기들과 비밀의 잡동사니가 들어 있다는 것은 나에게도 분명하였다. 그러나 보다 결정적인 것은 다른 면이고, 내가 논문에서 다루었던 것도 바로 이러한 다른 면이었다"「브레히트와의 대화」, 46쪽고 말할 수 없었을 터다.

벤야민이 카프카의 작품에서 발견한 '다른 면'이란 무엇이었을까. 카프카에게서 발견되는 두 가지 경험, 즉 벤야민 자신이 "멀리 떨어진 두 개의 초점이 있는 타원"「좌절한 자의 순수성과 아름다움」, 97쪽이라고 묘사한 바 있는 전통에 관한 경험과 현대 대도시인의 경험은 카프카 작품이 지닌 특이성의 근거가 된다. 유대교의 민중적 설화를 의미하는 '하가다'와 그들의 종교적 율법을 의미하는 '할라카'가 카프카의 내면을 지탱했던 전통에 관한 경험이라면, 사무 노동자로서 근대적 질서 속에서 생활해야만 했던 삶은 현대 대도시인으로서 경험의 축을 구성한다. 벤야민에게도 동일하게 적용되는 이 두 개의 축은 카프카의 존재를 떠받치는 힘이었지만, 카프카는 두 세계 중 어디에도 속하지 않고 "어떤 보완적 세계"에서 살았다. 이 때문에 카프카는 전통이 병들고, 현대 대도시의 삶이 고통스럽다는 것과 "다가올 파국적 미래를 본질적으로 자신에게 해당하는 개별적인 것으로서 인지"할 수밖에 없었다.

카프카의 작품 「법 앞에서」의 시골 사람은 "법이란 정말로 누구에게나, 그리고 언제나 들어갈 수 있어야 한다"「법 앞에서」, 225쪽고 생각하지만, 법 앞에 있는 문지기의 허락이 떨어질 때까지 하염없이 기다리기만 할 뿐이다. 죽음을 눈앞에 둔 그에게 문지기는 말한다. "이곳에서는 너 외에는 아무도 입장을 허락받을 수 없어. 이 입구는 단지 너만을 위해서 정해진 곳이기 때문이야. 나는 이제 가서 그 문을 닫아야겠네."^{같은 글, 227쪽} 벤야민이 감지한 카프카의 '개별성'은 법을 대하는 그의 태도에서도 드러난다. 카프카는 만인을 위한 법의 문이란 존재하지 않는다고 본다. 자기에게만 부여된 법의 입구가 있다는 사실을 알아차리지 못한 시골 사람은 법의 문 앞에서 죽음을 맞이해야만 했다. 하지만 그에게만 할당된 법의 문이었다면 애초에 그의 입장을 막아서는 안 되지 않았을까? 카프카에게 이런 모순적 상황은 중요하지 않다. 아니, 이런 모순이야말로 법이 지닌 하나의 속성이자 자신을 표현하는 방식이었다. "그것이 그렇게도 끌린다면 내 금지를 어겨서라도 들어가보게나"라는 문지기의 말에서 알 수 있듯이, 법은 '금지'를 통해 사람들의 행동을 제한하고 정지시키고 특정한 방향으로만 움직이게 함으로써 자신의 존재를 표현하기 때문이다. 법 안으로 들어가는 것은 '가능한' 일이지만, "그러나 지금은 안 돼"는 일이기도 하다. 법 안으로 들어가고자 하는 욕망을 막아섰기 때문에 법은 욕망의 대상이 되고 그 권위를 보증받는 것이다.

법의 문 앞에서 기다리는 시골 사람은 간혹 '메시아'로 해석되기도 한다. 이때 문지기는 메시아의 도래를 방해하는 장애가 될 것이다. 메시아는 안으로 들어가지 못하고 '법 앞에서' 죽음을 맞이한다. "카프카의 작품은 전통이 병들어 있음을 나타내고"^{「좌절한 자의 순수성과 아름다}

움』, 100쪽 있는 것이다.

카프카가 경험한 '두 개의 초점' 중에서 현대 대도시인의 경험을 벤야민은 '관료 장치'에 포획된 삶의 경험으로 이해한다. 관료 장치는 정책을 실행하고 공무를 집행하는 관공서들, 그리고 그것에 관계된 사람들 모두에게 어떤 종류의 영향력을 행사하는 보이지 않는 권력, 그것들을 배후에서 조종하는 장치이다. 무엇보다도 "관료들과 서류함의 세계는 카프카의 세계"「프란츠 카프카」, 63쪽였다. 성인이 되고 나서 낮 동안의 시간에 카프카가 열의를 보였던 것이 바로 서류들이고, 관료로서의 삶이었기 때문이다.

이따금 그것은 눈에 보이는 존재로 부상하기도 하는데, 카프카에게서 그것은 종종 '아버지'로 표현된다. 카프카의 단편소설 「선고」에서 아버지는 이불을 덮어주는 아들에게, 이불은 덮이지 않았으며 "너는 원래 순진한 아이였지만 더 깊이 따지고 보면 흉악한 놈"이었다고 말한다. 그리고 강물로 뛰어들 것을 선고한다. 벤야민은 이렇게 말한다. "부친은 형벌을 내리는 자이다. 법원 관리들의 경우처럼 죄가 그의 마음을 끄는 것이다. 많은 부분이 관리들의 세계와 부친들의 세계가 카프카에게는 동일한 세계라는 것을 암시해주고 있다. 그들의 유사성은 명예스러운 것이 못 된다. 둔감, 타락, 더러움이 이 유사성의 내용이다. 부친의 제복은 온통 얼룩투성이다. 그의 내의는 더럽다. 더러움은 관리들의 생활의 일부이다."같은 글, 65쪽 아버지는 아들의 죄를 고소하고 판결하고 형벌을 내린다. 그는 스스로 법이고 법관이고 형리이다. 그러나 그는 "아들의 부양으로 연명해가고 있으며 무서운 기생충처럼 아들에게 의존하고 있는 것"같은 글, 65쪽이다. 법은 그것을 지키는 자와 복종하는 자들에 의해 보존되며, 자신을 척도로 삼아 위반을 판단하고 판결한다. 이런 방식으로만 법은 존재한다.

『소송』(카프카가 1914~1915년에 집필한 장편소설)에서 K가 의심하듯 "죄가 없는데도 심판을 받을 뿐만 아니라 무지하기 때문에 심판을 받는다는 것도 이러한 재판 제도의 특징"이라고 한다면, 이 재판 제도의 연원은 선사시대로까지 소급된다. 인간은 모든 종류의 불문율을 알지 못했고, 의도치 않게 그것을 어겨 벌을 받기도 했다. 영문도 모른 채 법을 어기고 예상치 못한 벌을 받게 되었을 때, 그것을 수용하는 과정에서 '운명'의 논리가 개입한다. K가 직면한 재판도 본질적으로 이와 크게 다르지 않다. 그를 호출한 법정에는 법전이 있지만, 그것을 열람하는 일은 금지되어 있다. 법은 K의 죄를 비밀에 부치며, 그의 소송을 교란하고, 사형을 선고한다. 카프카는 K의 소송이 애초부터 희망 없는 것이었음을 보여준다. 이러한 '무희망성'이야말로 카프카가 경험한 대도시의 삶, '법'의 명령과 규율에 복종하는 태도만 허락된 삶의 조건과 정확하게 호응한다. 그 결과 카프카의 작품에 등장하는 인물들이 할 수 있는 일은 선고에 따라 죽음을 맞이하거나, 그로부터 필사적으로 벗어나기 위해 굴을 파고 단식을 하고 언어를 배우면서 '출구'를 찾는 것 외에는 다른 수가 없었다.

카프카 작품의 인물들이 지닌 무희망성은 특이한 외형이나 행동

프란츠 카프카(1917)와 『소송』의 육필 원고

사르트르와 카뮈가 실존주의 문학의 선구자로 높이 평가한 카프카는 독일어를 사용하는 유대인으로 늘 고독하고 외로움을 안고 살았다. 그의 독일어는 게르만 독일인들이 사용하는 독일어와 달랐고, 그 독특함으로 자신만의 문체를 만들어냈다. 대표작 『소송』은 카프카가 1914~1915년 집필하여 1925년에 출판한 장편소설이다. 소설의 주인공 K가 서른 번째 생일에 아무런 영문도 없이 체포되는 것으로 이야기가 시작된다. K는 온갖 수단을 동원하여 자신을 변호하려고 하지만 1년 뒤 결국 판결도 없이 처형되고 만다.

을 통해 표현되기도 한다. 벤야민은 그것을 독일의 민간에서 전해 내려오는 '꼽추 난쟁이' 이야기와 연결시킨다. 꼽추 난쟁이는 집 안 어딘가에 있다가 불쑥 나타나 포도주 단지를 빼앗거나 수프를 끓이는 냄비를 깨뜨리거나 누군가의 음식을 가로채버린다. 꼽추 난쟁이는 실수와 불운의 상징이다. 그가 나타나면 사람들은 산만해지거나 헛수고를 한다. 벤야민 자신의 경험에 따르면, 유년기의 사소한 실수로부터 시작하여 생의 어떤 어둠들 속에는 항상 자신을 쳐다보고 있는 꼽추 난쟁이가 있었다. 카프카의 작품에 등장하는 일련의 인물들(전체로는 의미 없어 보이지만 그 나름대로 완성된 오드라데크, 갑충류 벌레로 변해버린 그레고르 잠자, 그리고 머리를 가슴 속 깊이 파묻고 있는 남자들)이 보이는 제스처는 결국 그러한 형상의 원형이라고 할 수 있는 꼽추 난쟁이와 연결된다.

벤야민의 일생에 들러붙어 있고 카프카의 작품에 반복적으로 등장하는 꼽추 난쟁이는 일그러진 생활 속에서 삶을 영위하는 자다. '일그러진 생활'은 법과 진보의 이름으로 시대와 역사가 만들어온 것이며, 꼽추 난쟁이는 그 속에서 '억눌린 사람들'에 대한 일종의 비유이다. 따라서 "그는 메시아가 오면 사라질" 존재이다. "어느 위대한 랍비가 말했던 것처럼, 폭력으로서 세계를 변경시키려고 하지 않고, 다만 세계를 조금 바로잡게 될 그런 메시아가 오면 꼽추는 사라지게 될 것"「프란츠 카프카」, 89쪽이라고 벤야민은 말한다. 여기서 벤야민의 '메시아'는 종교적인 차원에만 머물지 않는다. 그것은 현실 속에서 '진정한 전쟁'을 일으키는 '신적 폭력'의 주권자, '진정한 예외 상태'를 도래시킬 '역사 변혁의 주체'와 연결된다. 이런 이유로 그는 「역사의 개념에 대하여」에서 늘 이기는 장기 두는 인형을 조종하는, 보이지 않는 곳에 웅크리고 앉아 있는 '꼽추 난쟁이'를 등장시켰던 것이다.

3장
수집, 정리, 글쓰기

벤야민은 독특한 지식인이었다. 그는 글을 읽고 쓰는 데 생애 대부분의 시간을 보냈지만, 보통의 지식인들처럼 학교나 특정 그룹에 긴밀하게 묶이지 않았다. 다른 많은 학자들처럼 논문적 글쓰기에 골몰하여 업적을 쌓는 일에 주력하지도 않았고, 그것으로 학계에서 자신의 위상을 돋보이게 하는 일에 관심을 기울이지도 않았다. 프랑크푸르트 학파나 사회과학연구소의 호르크하이머·아도르노와 가까운 관계를 유지했으며 그들로부터 재정적 지원을 받아 학회지에 글을 싣기도 했지만, 그들의 노선과 자주 마찰을 빚곤 했다. 그는 그만의 특별한 방식으로 문헌들을 대했고 수집했으며 정리하는 일을 즐겼고, 언제나 그 자신의 방법으로 기존의 학문적 체계나 방법론에 대항하는 것에 의미를 부여했다. 그는 일체의 권위와 지식 권력에 맞서 "모든 사물(혹은 인물—옮긴이) 속에 들어 있는 어떤 최고의 생生"을「아케

이드 프로젝트 I』, N 1a, 4 발견하는 것을 공부의 목표로 삼았다.

벤야민이 말하는 '어떤 최고의 생'은 각각의 사물, 인물, 시대와 풍경이 갖고 있는 고유한 가치(혹은 특이성) 속에 숨어 있다. 그는 특정한 기준에 따라 위계적으로 위치지어진 그것들을 서사의 맥락에서 떼어내 새로운 공간 위에 재배치함으로써, 연구자의 입장과 익숙한 논리의 체계에서 벗어나 사물과 인물, 시대와 풍경이 스스로 말할 수 있도록 배려했다.

1. 쓸모없는 것들의 쓸모

벤야민은 비평가이자 역사 연구가였지만, 일반적인 의미에서 비평가나 역사 연구가이기 이전에 수집가였다. 그는 수집의 기초가 '명주실처럼 매끄럽게', '모든 데이터를 완벽하게 보관'해 놓는 데 있다고 생각하지 않았다. 수집가의 능력 혹은 "재료와의 관계가 그들의 기능적이고 실용적인 가치를 강조하는 데 있는 것이 아니라, 그것들을 하나의 풍경이나 운명의 무대인양 연구하고 사랑하는 것"『Walter Benjamin's Archive』, p. 4~5에 있다고 믿었다. 그는 전형적이거나 분류 가능한 것에 반대하는 방식으로 재료들을 다루었는데, 그것은 흡사 수집가가 자신의 아이템을 소유하고 대할 때의 태도와 같았다. 그는 수집에서 중요한 점은 그 사물이 갖고 있는 본래의 기능, 즉 유용성에서 벗어나 새롭고 독자적인 방식으로 존재하게 만드는 데 있다고 말한다. 그것은 자료들을 기존의 방식과는 다른 관점과 태도로 대하며

"독자적으로 만들어낸 역사의 체계 속에 배치"「아케이드 프로젝트 I」, H 1a, 2하는 것을 의미했다.

사물을 본래의 사용가치로부터 떼어낸다는 점에서 수집은 사물을 교환가치를 지닌 것, 즉 상품의 일부로 취급하는 것이기도 하지만, 그렇다고 모든 수집품이 상품적 가치가 있는 것으로 거래되지는 않는다. 벤야민의 수집은 본래의 용법으로 더 이상 쓰이지 않는 '무용한 것'에 가치를 부여하는, 즉 본래의 맥락에서 떼어내 새로운 장소에 배치함으로써 그것의 고유한 가치를 발견하고, 다른 사물들(혹은 텍스트들)과의 새로운 관계를 실험하는 데 의의가 있었다.

벤야민은 소년 시절 이래로 무용한 것들에 가치를 부여하고 수집·정리하는 취미를 끝까지 버리지 않았다. 그의 수집가적 취미는 화폐적 가치나 희귀성에 집착하는 것과는 무관하며, 낡은 것을 새롭게 하는 데 맞춰져 있었다. 그는 이러한 가치를 아이들의 놀이에서 가장 먼저 발견했다.

> 아이들은 건축, 정원일 혹은 가사일, 재단이나 목공일에서 생기는 폐기물에 끌린다. 바로 이 폐기물에서 아이들은 사물의 세계가 바로 자신들을 향해, 오로지 자신들에게만 보여주는 얼굴을 알아본다. 폐기물을 가지고 아이들은 어른의 작품을 모방하기보다는 아주 이질적인 재료들로 무언가를 만들어내는 놀이를 통해 그 재료들을 어떤 새롭고 비약적인 관계 안에 집어넣는다. 아이

들은 이로써 자신들의 사물 세계, 즉 커다란 세계 안에 있는 작
은 세계를 자신들을 위해 만들어낸다.

—『일방통행로』, 81쪽

폐기물, 즉 쓸모없는 것에 대한 아이들의 관심은 새로운 것의 창
안으로 연결된다. 그것이 얼마나 예술적인지를 판단하는 미적 기준
이나 사물의 실용적 가치 등은 아이들의 수집품에 적용되지 않는다.
아이들은 그것이 무엇이든 놀이의 도구로 활용할 수 있는 능력을 발
휘하며, 놀이의 과정을 통해 그 재료들을 '새롭고 비약적인 관계' 속
으로 집어넣는다.
　어린 시절의 벤야민 역시 쓸모없는 것을 수집하고 정리하는 놀이
에 흠뻑 빠졌다. 그에게도 중요한 것은 사물들의 사용가치나 교환가
치가 아니라, 그것들을 소유함으로써 '유일무이한 의미'를 지니게 된
다는 점이었다.

　내가 발견한 모든 돌, 내가 꺾은 모든 꽃, 그리고 내가 잡은 모든
　나비는 이미 내게는 수집 활동의 시작을 보여주었다. 내가 소유
　하고 있던 모든 것은 내게는 유일무이한 의미를 지닌 수집품이
　었다. 만약 내 방을 '정돈한다'면 그 말은 가시투성이 알밤, 샛별,
　은박지, 은으로 만든 성곽, 집짓기 블록, 관棺, 선인장, 토템 나무,
　방패로 쓰인 주석 동전 등으로 이루어진 하나의 구조물을 파괴

시킨다는 뜻이나 마찬가지이다.

—『1900년경 베를린의 유년시절』, 121쪽

어른들의 눈에는 하잘것없는 사물을 아이들이 수집하고 소중히 여기는 것은, 그것을 얻게 된 특정한 시공간의 경험 때문이다. 가족들과 함께 갔던 바닷가에서 발견한 돌, 시골의 친지 집 담벼락 아래에서 꺾은 꽃, 친구와 함께 산에 올라가 잡은 나비…… 이런 것들은 단순히 특이한 사물이기 이전에 그들에게는 소중한 추억의 대상이다. 그때 그곳의 경험을 기억하기 위해 아이들은 사물을 모은다. 아니, 아이들이 수집하는 것은 사물 그 자체가 아니라 그것을 둘러싼 어떤 '아우라'이다. 아이들이 모은 물건은 그들만의 방식으로 정리되고 보관된다. 이를 무시한 체계적인 '정돈'은 아이들에게 혼돈을 주는 행위이며, '하나의 구조물을 파괴'시키는 것과 다르지 않다.

쓸모없는 것을 수집해서 그것들에 의미를 부여하는 일 외에도 벤야민의 수집에 어떤 고유한 특징이 있다면, 그것은 오래된 것을 새롭게 만드는 일이었다. 크리스마스 파티나 생일잔치가 끝나면, 그는 자신이 받은 선물 중에서 어떤 것을 '새 장롱'에 넣을지에 대해 즐거운 고민을 했다. 그의 새 장롱 안에서 물건들은 오랫동안 '새것'이 될 수 있었다. "내가 원하는 일은 새것을 갖는 게 아니라 오래된 것을 새롭게 만드는 일이었다. 새 주인이 된 내가 그것을 내 것으로 만들어버리면 아무리 오래된 것도 새것이 되었다. 내 서랍에 쌓여 있는 수집

품들이 그것을 잘 보여주었다."『1900년경 베를린의 유년시절』, 121쪽 쓸모없는 것
들의 쓸모를 발견한 것은 어린 벤야민의 상상력이었던 셈이다.

그런데 그가 이렇게 쓸모없는 사물들을 수집하는 취미만 갖고 있
었던 것은 아니다. 사물 수집은 사실 모든 어린이에게서 공통적으로
발견되는 놀이의 일부일 뿐이다. 수집가가 아닌 어린이는 없다. 죽
은 곤충, 쓸모없는 나사와 못, 도장이 찍힌 우표, 종이인형과 구슬, 머
리핀과 고무줄 등을 작은 상자나 책상 서랍 속 깊숙한 곳에 모아보
지 않은 아이는 없을 것이다. 자본주의가 고도로 발달하고 원하는 것
은 무엇이든 새것으로 가질 수 있는 시대에도 아이들의 수집 취미는
사라지지 않는다. 단지 부모의 지불 능력에 따라 비싸고 희귀한 것을
수집하는 아이들과 망가지고 버려진 것들을 주워 모으는 아이들로
나뉠 뿐이다.

또래의 어린이에게서 쉽게 발견할 수 없는 어린 벤야민만의 독특
한 점이 있다면, 그것은 자신의 수집물을 대단히 꼼꼼하게 정리하는
습관이었다. 수집품을 정리하는 그의 놀이는 자기 방에 있는 작은 책
상 위에서 이루어졌다.

> 의자 아래에 있는 작은 서랍장에는 학교에서 필요한 교과서뿐
> 아니라 우표를 수집한 앨범과 그림엽서 수집 앨범 3권도 있었다.
> (…) 책상에서 시간을 보내는 놀이 중 보다 편안한 마음으로 하는
> 또 다른 놀이는 공책이나 교과서를 손질하는 일이었다. 교과서

들은 파란색의 단단한 포장지로 겉장을 만들었고 공책의 각 장
마다 압지를 잘 끼워 넣어야 했다. 압지를 잘 붙이기 위해 색색
의 작은 테이프를 사서 그것을 공책 표지나 압지 위에 봉함지로
잘 붙였다. 풍부한 색채의 테이프들만 구입하면 아주 다양하고
분위기 있고 현란한 색채의 조합을 만들 수 있었다. (…) 내 책상
과 나, 우리는 합심해서 학교의 책상에 맞섰던 것이다.

　　　　　　　　　──『1900년경 베를린의 유년시절』, 113~115쪽

　여기서 그의 꼼꼼한 정리벽은 중요하지 않다. 어린 나이의 벤야
민으로 하여금 책상 위의 시간을 하나의 즐거운 놀이로 느낄 수 있
게 했던 것은 학교라는 규율 공간이 주는 압박이었다. 그의 놀이는
학교의 질서, 즉 다양한 규칙과 명령으로 학생들을 복종케 하는 훈육
에 저항한다는 의미 또한 포함되어 있었다. 그는 파란색 포장지로 교
과서의 겉장을 싸고, 잉크가 묻어나지 않도록 공책의 각 장마다 깔끔
하게 압지를 넣고 형형색색의 테이프를 이용해 장식했다. 그런 놀이
를 통해서 그는 '학교의 책상'에 맞섰고, 자신만의 정리법을 발견함
으로써 정리라는 따분한 작업을 하나의 놀이로 치환해버렸다.

　어린 시절의 수집벽을 버리지 않은 벤야민은 성인이 된 뒤 오히
려 더 꼼꼼하고 성실한 태도로 자신이 쓴 원고와 그 밖의 자료들을
모으고 정리하는 습관을 발전시켰다. 그는 독특한 수집가이자 문서
보관자(archivist)였다. 벤야민의 현존하는 '아카이브' 중 일부를 정리

해서 출판한 『Walter Benjamin's Archive』에 따르면, 그는 수집한 자료들을 매우 꼼꼼하게 분류하고 보관했다.

> 각 아카이브 상자들—폴더, 파일, 봉투, 박스 같은—은 상표에 관한 암시, 색깔, 크기, 출처(이를테면 데몬스 사에서 나온 편지 봉투 같은)뿐만 아니라, '문장이 새겨져 있고, 확장 가능하며' 등과 같은 물질적 특이성이나 '반이 찢겨져 나간' 등과 같은 파손 상태까지 정확하게 묘사되어 있다. (…) 그는 손상된 문서들을 손수 손질했는데, 얇게 벗겨진 양피지나 우표 세트 같은 것은 언제나 실과 바늘로 기웠다. (…) 1930년대 중반에 그는 아케이드 프로젝트에 인용한 텍스트들을 사진 이미지로 복사하고 자신이 쓴 메모를 번역해서 '원고를 조심스럽게 보관하시오'라는 요청문과 함께 뉴욕의 사회과학연구소로 보냈다.
>
> — 『Walter Benjamin's Archive』, p. 9

거의 결벽에 가까울 만큼 빈틈없는 수집·정리벽은 지식인으로서 그가 지닌 최대의 자산이었다. 그는 자신의 서재에 더 이상 존재하지 않는 어떤 카탈로그들을 모았고, 고등학교 졸업 이후에 읽었던 책에 대해 자세하게 기록한 노트를 보관했다. 또 다른 노트에는 다양한 주제의 서지 목록이 보존되어 있고, 수많은 발췌물이 정리된 카드 인덱스와 문서 스크랩과 문학작품의 목록 또한 보관되어 있다. 그는 이 파편들의 일부를 독립된 주제의 글쓰기로 구체화했고, 그 내용이 적힌 봉투를 따로 보관했다. 벤야민은 다양한 방식으로 모으고 정리한 것들을 자신의 글쓰기에 적극적으로 활용함으로써 그것들이 지닌 '최고의 생'을 드러내 보이고자 했다.

자료가 될 만한 텍스트를 수집하고 정리하는 벤야민의 태도는 자신이 쓴 글을 취급하는 태도에서도 똑같이 나타난다. 그는 한 편의 글을 독립적이고 완결된 것으로만 취급하지 않았다. 다시 말해 자신이 쓴 텍스트를 다양한 요소들이 결합되어 있는 건축물과 같은 것으로 이해했다. 필요에 따라서는 새로 쓰는 글 속에 이전에 썼던 글의 일부를 잘라내서 다시 붙이는 방법을 사용하기도 했다. 현재적 관점에서 본다면 자기 표절의 혐의를 피할 수 없을지도 모를 이런 방식을 "워드프로세서의 '복사하기와 붙이기' 기능이 만들어지기 한참 전에"^{같은 책, 32쪽} 스스로 개발해냈던 것이다. 수집품의 일부를 필요에 따라 원래 보관했던 상자에서 다른 상자로 이동시키듯, 그는 텍스트를 구성하는 단어와 문장 그리고 개별 단락들을 어느 한곳에 고정하지 않고 그것들이 어울릴 수 있는 글에 잘라다 붙이면서 그 각각이 고유하고 동등한 가치를 지닌 것으로 취급하며 활용했다. 그에 더해 완결된 전체를 구성하는 일부로서 그것들을 취급하는 것이 아닌, 취급하는 이의 관점과 위치에 따라 매번 다른 모습으로 발현되는 요소들의 결합으로 이해했다. 그리하여 마치 레고 블록들처럼 각기 독특한 색깔을 지닌 그것들은 벤야민에 의해서 언제 어디서나 절단되고 채

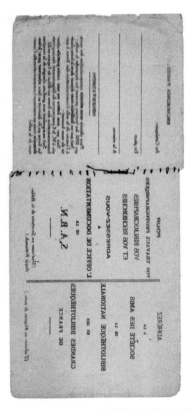

문서 보관에 대한 벤야민의 성실한 태도를 알 수 있는 자료

벤야민은 자신이 쓴 원고와 수집한 자료를 매우 세심하게 정리했다. 문서가 손상되었을 경우에는 심지어 실과 바늘로 기워 보관하기도 했다. 위 사진은 파리 국립도서관의 카드 뒷면에 벤야민이 정리한 도서 목록인데, 가운데 실로 꿰맨 모습이 보인다.

221쪽 하단의 사진은 벤야민이 봉투 겉면에 다양한 테마를 적은 것이다. 그는 이 봉투에 수많은 발췌물이 정리된 카드 인덱스 등을 넣어 두었다.

취되어 새로운 텍스트 위에 재배치되었다. 각각의 요소들과 그것들의 근거가 되는 지식에는 어떤 위계도 없다고 생각했기 때문이었다.

본인이 쓴 글을 포함해서 어떤 텍스트와 마주했을 때 벤야민이 그것을 다루는 방법은 아카이브화 하고, 수집하고, 구성(배치)하는 것으로 요약된다. 그가 보여준 독특한 시각은 자료들을 발췌, 번역, 몽타주화, 재배치하는 데서 다시 확인된다. 그는 이런 태도를 통해 기존의 연구 방법과 거리를 두는 한편, 쓸모없는 것들 혹은 상대적으로 덜 중요한 것으로 인식되어왔던 역사의 자료와 인물들과 사건들에 색다른 의미를 부여할 수 있었던 것이다.

봉투에 씌어진 내용은 다음과 같으며, 벤야민은
이에 속하는 자료를 봉투 안에 보관했다.
문학의 역사
언어학
예술의 역사
심리학
종교과학

2. 수집, 인용, 배치

벤야민은 다양한 사물을 수집하는 데서 즐거움을 찾곤 했다. 그가 수집한 것은 러시아 인형, 오래된 장난감, 여행지의 관광 엽서, 도장이 찍힌 우표 등 어린 시절의 수집 취미와 다름없이 여전히 '쓸모없는 것들'의 범주에 드는 것이 대부분이었다. 물론 지식인으로서 그의 수집벽에 가장 큰 자리를 차지한 것은 책이었다. 수집에 관한 벤야민의 남다른 열정은 무엇보다 책과 만날 때 가장 큰 시너지 효과를 발휘했다. 그에게 책을 수집하는 일은 단순히 책 한 권을 소유하는 것 이상의 의미를 지니고 있었다.

기억되고 생각되어지며 의식되어지는 모든 것은 수집가의 소유
재산의 초석이 되고 액자가 되고 원주가 되고 또 자물쇠가 되는
것이다. 시대, 지역, 손재주, 전 소유주―사물의 이러한 배경들

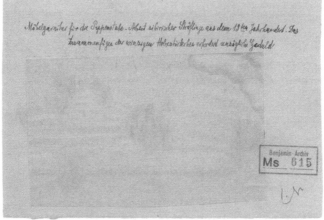

러시아 인형과 이에 대한 벤야민의 캡션

벤야민의 수집 취미는 어린 시절의 수집 취향과 크게 다르지 않았다. 장난감 인형, 관광지의 사진엽서, 도장이 찍힌 우표 등. 모스크바에 체류하는 동안 넉넉지 않은 여행 경비 때문에 불편을 겪으면서도 수집품을 사 모으는 데는 조금도 주저하지 않았다.
위 사진은 19세기에 시베리아의 죄수들이 나무로 만든 장난감 가구 세트이며, 이 내용을 벤야민이 간단히 달아 놓은 캡션이다.

은 서로 합쳐져서 수집가에게는 하나의 마력적 백과사전이 된
다. 그리고 이러한 마력적 백과사전의 핵심이 바로 수집가가 소
유하는 대상물의 운명이다.　　　　　　—「나의 서재 공개」, 31쪽

　　그는 한 권의 책에 부여되는 물질성에서부터 개별적인 책이 처한
역사와 환경까지 포함하여 일종의 '백과사전'처럼 이해하고 온전히
받아들이는 방식으로 책을 소유하고자 했다.
　　이런 방식으로 소유하여 서재의 한 켠에 자리 잡게 된 책들은 벤
야민에게 과거를 회상하는 매개가 되기도 했다. "나의 눈앞을 스쳐
지나가는 과거의 일들을 온통 물들이고 있는 우연과 운명은 바로 이
러한 책들의 혼란 속에서 그 구체적인 모습을 드러낸다"같은 글, 31쪽고
말하고 있듯이, 그가 과거를 추억하는 일의 상당 부분은 자신의 서
재를 채우고 있는 책들과 만나게 된 내력, 이를테면 고서 경매장이
나 여행한 도시의 서점들에서 책들과 우연히 운명적으로 만나게 된
경험과 밀접한 관계를 맺고 있다. 특히 그는 "나의 가장 일상적인 책
매입을 여행 도중, 그러니까 어느 한 곳에 잠깐 머무는 여행객으로서
하였다"고 하면서, "책을 정복하기 위해 나선 나의 행진 속에서 얼마
나 많은 도시들이 그 본연의 모습을 드러내었던가?"같은 글, 34쪽라고 여
행의 경험을 회상한다.
　　벤야민의 삶에서 여행, 특히 낯선 도시로의 여행이 얼마나 크게
자리 잡고 있는지를 떠올린다면, 그의 책 수집 또한 단순히 필요한

서적을 구매하는 것 이상의 의미를 지녔을 거라 짐작할 수 있다. 책을 사는 것이 여행의 목적이었던 적은 한 번도 없지만, 그는 낯선 도시를 여행할 때마다 언제나 우연한 방식으로, 또한 운명적으로 어떤 책들과 만났다. 그 일은 대체로 "낯선 도시를 여행할 때는 길을 잃는 훈련이 필요하다"는 그의 태도 속에서 일어난 사건이었다. 지도 없이 낯선 도시에서 헤매듯이 길을 잃고 돌아다니다 보면 예기치 않게 어느 골목 모퉁이에 자리 잡은 헌책방과 마주쳤을 테고, 사람들의 눈에 쉽게 띄지 않아 먼지를 뒤집어쓰고 있는 희귀하고 소중한 책들을 만나기도 했을 것이다. 벤야민은 수집과 결부된 자신의 기억이 "수많은 수집품을 발견했던 도시들, 예컨대 나폴리, 뮌헨, 단찌히, 모스크바, 플로렌스, 바젤, 파리 등의 도시들에 대한 기억"^{같은 글, 39쪽}이었다고 말한다. 이때 그의 것이 된 어떤 책들은 여행을 가장 생생한 방식으로 추억할 수 있는 매개이기도 했던 것이다.

수집가란 무엇인가를 수집하고 소유하는 사람이다. 벤야민에게 수집가의 소유는 자본주의적 관점에서 상품의 소유, 곧 사물을 사용가치나 교환가치로 환산하여 사적 재산의 일부로 축적하는 태도, 그 이상의 의미를 내포한다. 벤야민은 수집가란 "사물에 대해 갖는 가장 깊은 관계라는 의미에서의 소유 개념"^{같은 글, 39쪽}을 가진 자라고 말한다. 그래서 진정한 수집가란 "사물이 그의 속에서 살아 움직이고 있는 것이 아니라 그 자신이 바로 그 사물 속에서 살고" 있도록 자신의 존재를 사물 속으로 밀어 넣는 자를 뜻한다. 달리 말해 그 사물을 통해 그 자신과 사물을 둘러싼 시대 및 역사를 온전히 사유하는 능력을 가진 자를 의미한다.

이런 점에서 벤야민에게 에두아르트 푹스는 자신이 소유했던 수집품들과 '가장 깊은 관계'를 맺었던 수집가의 좋은 본보기였다. 푹스는 당대의 일반적인 수집가들의 취향에서 벗어나 그만의 관점으로 사물을 모으는 일에 몰입했다. "캐리커처, 포르노적인 묘사와 같은 한계 영역까지 진출함으로써 전통적인 예술사에서 나온 일련의 천편일률적인 도식들을 형편없는 것으로 만든 것도 수집가로서의 그였다."「수집가와 역사가로서의 푹스」, 285쪽 푹스는 시민계급의 고상한 예술관, 즉 아름다운 가상이나 조화, 다양한 것들의 통일성과 같은 개념들과 일정하게 선을 긋는 태도를 취했다. 고전주의적 예술관에 부합하는 고상한 사물들, 희귀하고 값비싼 예술품들을 모으는 일은 푹스의 주된 관심사는 아니었던 것이다. 그는 캐리커처, 풍속화, 복제품뿐만 아니라 작자를 알 수 없는 옛날 물건들을 모으는 일에 열정적이었고, 그 결과 초상화의 해석, 대중 예술에 대한 관찰, 복제 기술에 대한 연구에서 높은 안목을 발휘했다.

푹스의 수집가적 열정은 "예술 작품을 사회에 되돌려줌으로써 예술 작품에 현재적 삶을 부여하는" 것과 맞닿아 있었다. 그의 수집과 정리 작업은 "예술사를 대가大家라는 이름의 물신숭배로부터 해방시키는 단초를 마련"같은 글, 309쪽 하는 것이었다. 푹스는 "모든 경우에 있어서 개별적인 예술적 결과들이 결코 중요했던 것이 아니라 그 당시의 모든 사람들이 어떻게 세계와 사물들을 바라보았던가 하는 방식이 중요"같은글,310쪽하다고 보았다. 대가와 걸작을 예술사의 중심에 두던 기존의 관점과 거리를 둠으로써 푹스는 수집가로서 독창적 시각을 확보했고, '이름 없는 사람들'을 역사의 중심에 두는 관점을 취할 수 있었다. 벤야민은 "예술 작품을 파악하려는 모든 노력은, 그 작품의 냉철한 역사적인 내용이 변증법적인 인식에 의해 파악되지 않는 한 공허할 수밖에 없다"같은글,277쪽라고 말함으로써 푹스의 편에 섰다. 벤야민은 푹스를 "유물론적인 예술관의 개척자로서 수집가"라고 불렀다.

수집에 관한 벤야민의 열정은 사물을 모으는 데 그치지 않았다. 벤야민은 책과 장난감과 우표를 수집하듯 문장들도 수집했다. 각각의 책에서 떨어져 나온 문장들은 수집가의 손을 거쳐 커다란 백지 위에 재배치된다. 이 때문에 그 문장들이 자리 잡고 있던 텍스트 본래의 맥락은 사라지지만, 새로운 배치, 즉 이웃한 다른 문장들과 그것들을 묶은 상위의 카테고리 속에서 새로운 맥락과 가치를 부여받게 된다. 하지만 이 과정에서 수집된 문장들 자체가 지닌 내용이나 가치는 전혀 손상되지 않는다.

19세기 파리의 모습을 통해 '자본주의의 원-현상'을 밝히고자 한 『아케이드 프로젝트』는 다양한 책들에서 수집한 거대한 인용문들의 보관소이기도 했다. 벤야민은 이 작업이 '인용으로만 이루어진 책'으로 진화하길 바랐다. 일반적으로 인용은 주장의 타당성이나 사실의 증명을 위해 사용된다. 글쓴이(역사가)의 관점과 해석에 권위를 실어주는 방편으로 특정한 텍스트를 인용하는 것이다. 하지만 벤야민은 인용된 문장들 스스로가 자신을 보여주거나 말하게 하는 방식을 선택함으로써 역사가의 특정한 관점이나 해석과 거리를 두고, 어떤 시대나 인물, 사건과 사물들에 대해 후세의 사람들이 갖게 될지도 모를 편견을 최소화하고자 했다.

하나의 텍스트에서 다른 텍스트로 일군의 문장을 이동시키는 것으로서 인용은 '베껴 쓰기'와 연결된다. 그것은 '복사하기와 붙이기'라는 기계적 작업이 일반화되기 이전, 손으로 글씨를 쓰던 시대에 일반적으로 행해진 인용의 방식이었다. 벤야민은 텍스트를 베껴 쓰는 일의 의미를 이렇게 말한 바 있다.

> 베껴 쓴 텍스트만이 텍스트에 몰두하는 사람의 영혼에 지시를 내린다. 이에 반해 텍스트를 읽기만 하는 사람은 텍스트가 원시림을 지나는 길처럼 그 내부에서 펼쳐 보이는 새로운 풍경들을 알 기회를 갖지 못한다. 그냥 텍스트를 읽는 사람은 몽상의 자유로운 공기 속에서 자아의 움직임을 따라갈 뿐이지만, 텍스트를 베껴 쓰는 사람은 텍스트의 풍경들이 자신에게 명령을 내리기를 기다리기 때문이다. —『일방통행로』, 77쪽

텍스트를 베껴 쓰는 일은 길을 걸어가는 사람이 그 길의 영향력

을 경험하는 것과 같다. 길을 걸어가는 사람에게는 멀리서는 보이지 않는 길 위의 사소한 풍경이 보이고, 어떤 냄새나 소리, 분위기까지 섬세하게 경험할 수 있다. 반면, 문장을 단지 읽기만 하는 것은 마치 비행기를 타고 가는 사람이 높은 곳에서 지형과 도로의 상태를 조망하는 것에 비견할 만하다. 넓게 조망할 수는 있어도 구체적으로 느낄 수는 없고, 사소한 풍경을 발견할 기회도 놓친다.

문장을 베껴 쓴다는 것은, 길을 걷다가 무엇인가 기대치 않은 것을 발견하는 우연이나 이전에는 들리지 않았던 소리를 듣게 되는 신기한 경험과도 같다. 오래된 책에서 마주친 어떤 문장을 베껴 쓸 때, 먼 과거로부터 온 소리를 듣고, 과거의 어떤 사건과 순간을 만나는 경험을 하게 되는 셈이다. 이로써 비로소 벤야민이 이야기했던 진정한 수집가의 형상, 즉 사물이 그의 속에서 살아 움직이고 있는 것이 아니라 그 자신이 바로 그 사물 속에서 살 수 있도록 자신의 존재를 사물 속으로 밀어 넣는 자의 모습을 갖게 되는 것이다.

벤야민은 『아케이드 프로젝트』에서 베껴 쓰기와 인용을 극한으로 밀어붙였고, 그 작업은 '인용 부호 없이 인용하는 기술'을 실험하는 것으로 이어졌다. 인용 부호의 사용은 그것을 인용하는 사람의 관점과 입장을 보강하는 보조 텍스트 이상의 의미를 갖기 어렵다. 벤야민은 인용 부호 없이 그 출전만을 명시한 채 문장들을 인용하고, 그 문장들을 다시 연대기적인 배열과는 다른 방식으로 배치함으로써 그것들이 지닌 독자적이고 고유한 가치를 최대한 살리고자 했다. 그는

"역사를 기술한다는 것은 역사를 인용하는 것"이며, 인용은 "역사적 대상을 그것의 관련성으로부터 떼어내는 작업"「아케이드 프로젝트 I」, N 11, 3이라고 보았다.

벤야민은 당시 몇몇 예술가들 사이에서 적극적으로 실험되던 '몽타주' 기법으로부터 중요한 착상을 얻었다. 그는 공연 입장권, 실패 꾸러미, 담배꽁초 등을 합쳐서 정물화를 만들어낸 다다이즘 미술의 실험 및 다른 시공간에서 만들어진 장면과 목소리를 편집해서 하나의 시공간 속에 재배치하는 영화와 라디오의 기술적 성과에 주목했다. 이런 기술의 발전은 그에게 생산도구의 변혁이 가져올 수 있는 가능성에 대해 긍정하게 만들었고, "생산도구를 변혁시킨다는 것은 지식인의 생산을 구속하고 있는 제약들 중의 하나를 다시금 무너뜨리고, 대립들 중의 하나를 뛰어넘는 것을 의미"「생산자로서의 작가」, 263쪽하는 것으로 비쳐졌다. 기술의 발전으로 새로운 대중매체와 경쟁을 벌여야 하는 상황에서 각 예술 장르들이 갖는 제약(즉 장르적 속성과 문법의 한계)을 뛰어넘어 현실의 충격적 실상을 새로운 방식으로 보여주는 예술운동의 실험과 그 가능성을 벤야민은 긍정적으로 바라보았다. 하지만 "생산품들의 정치적 경향만으로는 불충분하다"고 말한다. "아무리 훌륭한 정치적 경향이라도 그것이 사람들이 따라야 할 태도를 예시하지 않는다면 그것은 옳지 않은 경향"같은 글, 266쪽으로 전락할 위험이 있기 때문이었다. 요컨대 문제는 어떤 기법이나 기술이 아니라 그것을 어떤 방향으로 가져가는가, 그것을 통해 무엇을 할 것인가이다.

당시 실험되던 예술 작품에서 착안한 몽타주 기법, 즉 단편적인 사물들 혹은 그 파편들을 새로운 법칙에 따라 다시 조립하는 방식을 벤야민은 역사 기술의 한 방법으로 차용했다. 그가 모은 파편들은 사물이 아니라 다양한 책들에서 절단하고 채취한 문장들이었고, 이런 까닭에 그는 자신의 방법을 '문학적 몽타주'라고 불렀다. 그는 인용 부호 없이 문장을 인용하고 이를 새롭게 배치함으로써 기존 문자 언어의 방식인 말하기를 보여주기의 차원으로 치환했다. 이때 그는 "가치 있는 것만 발췌하거나 재기 발랄한 표현을 자기 것으로 만드는 것 같은 일은 일절 하지 않"기로 다짐했고, "누더기와 쓰레기들을 목록별로 정리하는 것이 아니라 유일하게 가능한 방법으로 그것들이 정당한 권리를 찾도록"[아케이드 프로젝트 I』, N 1a, 8] 배려했다. 그것이 바로 '인용 부호 없는 재인용'의 방법이었다.

그런데 왜 몽타주일까? 아무런 인과적 관련도 없는 다양한 존재들로부터 떼어낸 파편들로 새로운 이미지를 만드는 몽타주는 "극히 작은, 극히 정밀하고 잘라서 조립할 수 있는 건축 부품들로 큰 건물을 세우는 것"[같은 책, N 2, 6]과 같기 때문에 "실로 자그마한 개별적 계기들에 대한 분석을 통해 전체 사건의 결정체를 찾아내는" 데 효과적이다. 이러한 몽타주 방법을 통해 벤야민은 역사유물론이라는 마르크스주의적 방법이 희생해온 '시각성'을 높일 수 있다고 생각했고, 그것을 '변증법적 이미지'라고 불렀다. "변증법적 이미지만이 진정한

(즉 태곳적 이미지가 아니다) 이미지이다. 그리고 우리가 이러한 이미지들을 만나는 장소, 그것이 '언어'이다."『아케이드 프로젝트 I』, N 2a, 3 왜냐하면 그가 베껴 쓰거나 쓴 것들, 즉 문자를 통해 이미지를 보여주기 때문이다. 이른바 '문학적 몽타주' 방식으로 조립된 과거의 문장들은 벤야민의 손끝을 떠나 다시 하나의 종이 위에서 새롭게 펼쳐진다. 과거의 문장들은 지금 그것을 읽는 사람들의 시선 위에서 하나의 이미지가 된다. 벤야민은 그것을 "과거에 있었던 것이 지금과 섬광처럼 한순간에 만나 하나의 성좌를 만드는 것"같은 책, N 2a, 3이라고 표현했다. 그때, 과거와 현재는 시간적 연속성을 갖는 연대기적인 것이 아니라, 과거의 사건들과 이야기가 현재의 맥락 위에서 시각화됨으로써 그것을 보는 지금 사람들에게 어떤 인식의 비약과 각성의 순간을 도모하게 하는 것에 가깝다.

하지만 어떤 문장을 고르고 버릴 때 이미 그 속에는 특정한 관점과 의도가 개입되어 있다고 볼 수 있지 않을까? 벤야민은 이 딜레마를 어떻게 극복하고자 했을까? 그는 적어도 두 가지 방법으로 이 문제를 극복하려 했던 것 같다. 앞서 말했던 베껴 쓰기와 변증법적 대조가 그것이다. 벤야민이 『아케이드 프로젝트』 작업을 진행하는 방식은 다양한 성격의 책을 읽고, 읽은 것들 중에서 인용할 만한 문장을 수집하고, 그것들을 손으로 베껴 쓰고, 베껴 쓴 것들을 다시 각각의 상위 항목(이를테면 아케이드, 패션, 철골 건축, 수집가 등등) 카테고리 속에 재배치하는 식으로 이루어졌다. 특히 그는 인용할 문장을 손으로 직접 베껴 씀으로써 그 내용과 의미에 더 가깝게 다가가고자 했다.

인용할 문장을 베껴 쓰는 행위가 수집가의 태도와 연결된다면, 인용된 문장의 변증법적 대조는 역사가로서 벤야민이 취했던 방법이다. 『아케이드 프로젝트』의 「파리—19세기의 수도」라는 제목으로 발표된 개요에는 변증법적 대조의 예시가 등장한다. 그는 여기서 푸리에와 아케이드, 다게르와 파노라마, 그랑빌과 만국박람회, 루이 필립과 실내, 보들레르와 파리의 거리, 그리고 오스만과 바리케이트를 변증법적으로 대조해 보인다. 벤야민이 제시한 항목들의 대조는 서로 완전히 상반된 가치를 지니거나 우열을 판단할 수 있는 이항 대립적인 두 사물을 제시하는 방식과 다르다. 다시 말해 짝지어진 두 개의 항은 완벽하게 대립하거나 적대적이지 않다는 뜻이다. 그는 이 항목들(이것들은 차라리 19세기의 사물, 사건, 인물, 제도, 풍속 등에 관한 일종의 알레고리이다)을 각자 고유한 가치와 의미를 지니며 적대와 대립, 유사와 동의, 긍정과 부정의 성격을 복합적으로 내포하고 있는, 변증법적 운동의 실체로서 다루었다.

일례로 푸리에와 아케이드의 경우. 아케이드는 19세기 초반 인간의 자본주의적 꿈에 대한 일종의 알레고리이다. 아케이드는 길도 아니고 집도 아닌 상업의 공간이었지만, 푸리에는 아케이드에 대한 자본주의적 꿈을 팔랑스테르라고 하는 유토피아적 협동생활 주거 공간으로 뒤집어서 전유했다. 이념적으로 완벽하게 적대적인 것처럼 보이는 아케이드와 팔랑스테르는 한편으론 중요한 부분을 공유하고 있기도 하다. 먼저, 팔랑스테르와 아케이드가 모두 철골 건축을 기반으로 했다는 것. 또한 푸리에는 기계의 출현으로부터 착상을 떠올려 팔랑스테르에 사는 인간들의 관계를 기계장치와 같은 것으로 구상했다는 점이다.

이 같은 변증법적 대조는 벤야민이 선악과 우열을 나누는 이분법적 관점에서 벗어나 역사의 각 시기를 철저하게 긍정적으로 보려는 시도였다. 그러므로 그로서는 "모든 도시가 똑같이 아름다우며, 또 어떤 언어가 더 가치 있고 다른 언어는 가치가 덜하다는 이야기는 받아들일 수 없"[아케이드 프로젝트 I」, N 1, 6]었던 것이다. 사실 그에게는 어떤 시대든 다양한 영역을 특정한 관점에 따라 이분법으로 나누는 것은 아주 쉬운 일이었다. 하지만 그는 열등하고 부정적이고 배제된 것들, 즉 '쓸모없는 것들' 속에서 그것들이 지닌 고유한 가치를 발견하는 일에 긍지를 느꼈고, 그렇게 함으로써 자신을 고루한 학문의 체계에서 분리해냈다. 그는 이렇게 말한다. "모든 부정적인 것[소극적인 것]은 생동감 넘치는 것, 적극적인 것의 윤곽을 드러내게 하는 밑바탕이 됨으로써 비로소 가치를 갖게 된다. 따라서 이처럼 일단 배제된 부정적인 부분에 다시 새롭게 구분법을 적용해 이러한 관점(기준이 아니다!)의 전환을 통해 그러한(부정적인—옮긴이) 부분에서도 새롭게 적극적인, 즉 이전과는 전혀 다른 의미를 가진 부분이 출현하도록 하는 것은 결정적인 중요성을 가진다."[같은 책, N 1a, 3] 부정적이며 소극적이라고 규정되었던 것, 혹은 특정한 분류의 기준에 따라 그런 쪽으로 위치지

어졌던 것들에 대한 복원을 그는 꿈꾼다. 그것은 이분법을 넘어, 부정 속에서 긍정을 발견하는 관점의 전환을 통해서만 가능했다. 그러므로 "중요한 것은 '큰' 차이가 아니다. 오직 변증법적 대조만이 문제인데, 그것은 종종 뉘앙스의 차이와 착각을 일으킬 정도로 비슷해 보이지만 바로 거기서 생은 항상 새롭게 태어난다."^{같은 책, N 1a, 4}

벤야민이 19세기 파리의 모습에 관심을 기울인 까닭은 그곳에 '자본주의의 원-현상'이 보존되어 있다고 믿었기 때문이며, 그것을 통해 자기 시대의 진정한 모습을 비쳐보고 싶었기 때문이다. 그리고 그 과정을 통해서 미래의 삶을 예측하고 구상할 수 있게 되기를 기대했다. 이 때문에 그는 기존에 나와 있는 역사·풍속사와 거리를 두었고, 특정한 관점이나 입장에 몰입하다가 풍부한 역사적 사실을 배제하는 실수를 저지르지 않기 위해 '인용 부호 없는 인용'의 방식을 고집했다. 또한 그는 수많은 책에서 떼어낸 문장들을 자신의 손으로 직접 필사했고, 베껴 쓰기의 과정을 통해 사소한 것들 하나라도 놓치지 않으려 했으며, 사건과 사실들의 세계 속으로 스스로 걸어 들어가고자 했다.

물론 지금 우리 손에 남겨진 벤야민의 작업 『아케이드 프로젝트』는 어떤 의미에서는 완결되지 못한 것이고, 일반적인 시각에서 본다면 미완의 책에 해당한다. 베껴 쓴 문장들과 인용문들 사이사이에 들어가 있는 벤야민 자신의 메모, 그리고 적당한 상위 카테고리를 찾지 못해 어정쩡하게 묶여 있는 문장들이 그대로 노출되어 있다. 그는 이 작업을 완성하지 못한 채 세상을 떠났다. 하지만 이 미완의 책을, 결말을 열어둔 소설처럼 사방으로 펼쳐지고 새롭게 해석하고 다시 인용하는 것이 가능한 독특한 구성의 책이라고 말할 수는 없을까? 그리하여 이 책을 손에 쥔 누구라도 제각각 다양한 방식으로 인용과 메모들을 다시 절단하고 채취해서 자유롭게 사용할 수 있는 새로운 유형의 글쓰기, 혹은 책이라고 부를 수는 없을까?

3. 무기로서 글쓰기

벤야민에게 글쓰기는 존재의 증명이자 직업이었고 오락이자 무기였다. 그는 무엇인가를 읽고 쓰는 일에 생애 대부분의 시간을 보냈다. 그의 읽기와 쓰기는 우리가 생각하는 것보다 훨씬 그 범위가 넓고, 독특한 성격을 지니고 있었다. 무엇보다 '문자'의 영역을 뛰어넘어 그 의미를 극단적으로 확장시켰다. 그가 무엇인가를 '읽는다'고 했을 때, 그것은 독서의 영역을 넘어서 이미지·연극·영상·그래픽과 같이 문학의 상위 범주에 있는 예술의 영역으로까지 확장된 것이었고, 때로는 사물뿐만 아니라 길·지도·풍경 등 눈으로 확인할 수 있는 세계 그 자체를 '본다'는 것을 의미하기도 했다. 마찬가지로 글쓰기 역시 벤야민 자신이 생각한 것을 문자로 고정시키는 행위 이상을 뜻했다. 그에게 글쓰기는 수집하기, 정리하기, 베껴 쓰기, 인용하기, 복사하기, 잘라내기 등의 활동 및 다른 언어로 쓰인 누군가의 글을 번역하는 작업을 포함했고, 글쓰기의 도구(이를테면 그는 특정한 종이와 잉크 만년필을 고집했다)뿐 아니라 글을 쓰는 장소와 분위기를 까다롭게 고르고, 글을 쓰는 과정을 통해 글 쓰는 자의 신체가 새로운 경험을 하게 되는 것, 궁극적으로 글쓰기의 과정 속에서 새로운 문체와 형식을 계발하는 것까지를 모두 포함했다.

'작가의 기법에 관한 13가지 명제'『일방통행로』, 98~100쪽에서 벤야민은 글쓰기에 대해 그것을 구성하는 다양한 요소들을 제시하고 제안한다. 이는 자신의 오랜 글쓰기 습관과 경험을 고백하는 것이기도 했다. 그에 따르면, 좋은 작품을 쓰고자 하는 사람은 무엇보다 "기분 좋게 시간을 보내도록" 하는 게 중요하다. 어떤 외부적인 사건이나 분위기에 기분과 신체 상태가 좌우되지 않고 쓰고자 하는 바에 집중하기 위해서는 일관되고 쾌적한 상태를 유지할 필요가 있기 때문이다. 최상의 컨디션으로 하루 작업량을 끝낸 뒤에는 다음 글쓰기에 방해가 되지 않는 선에서 무엇이든 해도 좋다고 덧붙인다. 충분한 휴식과 여흥이 다음 작업에 도움이 되며, 글쓰기에 관한 예상치 못한 아이디어를 얻을 수도 있기 때문이다.

이미 작업한 것에 대해 이야기를 하는 것은 좋지만, 집필하는 중에는 그것을 소리 내어 읽어서는 안 된다. 자신이 쓴 글을 읽으면서 흡족하게 느껴지면 "글을 쓰는 템포가 더디어지기 때문"이다.

작업환경은 평범하고 일상적인 공간이 아닌 곳을 택하는 것이 좋다. 생활공간은 긴장을 지나치게 풀어버리거나 생활공간 속 일상의 업무들이 글쓰기를 방해할 수도 있기 때문이다. 그러나 글을 쓸 때 피아노 연습곡을 듣거나 일하는 사람들의 소리를 듣는 것은 "고요한 밤의 정적과 마찬가지로 중요"하다. 음악은 정서적인 안정과 함께 적절한 긴장감을 부여하며, 일하는 사람들의 소리는 자신의 작업이 노동과 무관하지 않을 뿐더러 노동의 일부라는 점을 환기시켜준다. 그밖에 "특정한 종이, 펜, 잉크를 좀스럽게 보일 정도로 고집하는 태도"도 도움이 된다.

벤야민은 또 "어떤 생각도 자기도 모른 채 흘려보내지 말 것이며, 외국인 등록 일을 담당하는 관청처럼 자신의 노트를 엄격히 관리할 것"을 주문하면서 "영감이 떠오르는 대로 따라가지 말고 펜을 뻣뻣하게 굴릴 것"을 요구한다. "말은 생각을 정복하지만 글은 그 생각을 지배"하기 때문이다.

"아무런 착상도 떠오르지 않는다고 해서 글쓰기를 그만"두어서는 안 된다. 영감이 떠오르지 않을 경우에는 "이미 써 놓은 것을 깨끗하게 정서"하면서 시간을 보내는 것도 좋다. 자신이 쓴 글을 정리하는 동안 비문을 골라내고 논리의 허점을 발견하면서 기대치 않았던 아이디어를 떠올릴 수도 있기 때문이다.

글의 분위기와 생각의 일관성을 유지하기 위해 어떤 경우에도 글쓰기는 "하루도 거르지 말아야" 한다. "그렇지만 몇 주씩 거를 수는 있다." 이미 써 놓은 것을 객관적으로 바라볼 수 있기 때문이다. 그리고 "한 번이라도 저녁부터 이튿날 훤하게 날이 밝을 때까지" 쭉 앉아서 쓰지 않은 작품은 완성품으로 여기지 말아야 한다. 어떤 외부의 방해도 없이 지속적으로 집중하며 만들어진 문장들 속에 사고와 표현이 가장 정직하게 드러나기 때문이다. 한 편의 글을 마무리할 때는 작업 공간을 바꾸어 새로운 분위기에서 완성하는 것도 좋다.

이러한 방법들과 더불어 글쓰기는 시작된다. 벤야민이 보기에 집필에는 세 단계가 있는데, 글의 재료를 모으고 생각을 조직하는 사고의 단계, 그것을 문장으로 표현하면서 문체를 구축해가는 단계, 마지막으로 한 편의 글로 완성되는 단계이다. 벤야민은 이상의 세 가지 단계를 '죽음'에 비유한다. 무엇인가를 죽이지 않으면 다음 단계로 넘어갈 수 없고, 새로운 것은 태어날 수 없다. "사고는 영감을 죽이고, 문체는 그 사고를 묶으며, 글은 그 문체를 보상해준다." 이러한 과정을 거쳐 완성된 작품을 그는 "구상의 데스마스크"라고 불렀다. 한 편의 글은 구상의 단계에서 가졌던 무수한 가능성들 중 선택된 단 하나를 중심으로 진행된다. 글쓰기는 선택의 연속이다. 예시를 선택하고, 문장을 어디에 배치할 것인지 선택하고, 어떤 문장으로 생각을 표현할 것인지 선택한다. 선택한 것들 중에서 최후로 버릴 것과 남길 것을 또 선택해 나간다. 이러한 선택의 과정에서 글 쓰는 작가 고유의 스타일이나 문체가 만들어진다. 선택을 위한 논리적 사고가 시작되면 이미 한 편의 글에 출발이 된 영감은 사라지지만, 사고의 진행과 글을 쓰는 신체적 행위의 결과 그 작품은 완성된다. 완성된다는 것은 다른 방식으로 존재할 가능성이 사라진다는 의미이고, 이런 점에서 하나의 작품은 '구상의 데스마스크'라 할 만하다.

글쓰기 단계에 관한 이 같은 '죽음'의 비유 외에도 벤야민은 또 다른 비유를 들어 이 세 단계를 표현한다. 그것은 예술의 어떤 분야들과의 유사성을 연상시키는 비유였다. 바로 "산문을 작곡하는 음악의 단계, 그것을 짓는 건축의 단계, 마지막으로 그것을 엮는 직조織造의 단계"「일방통행로」, 93쪽이다.

그렇다면 벤야민이 생각하는 훌륭한 작가란 어떤 사람일까? 단순히 위에서 열거한 작가의 기법을 잘 지키기만 한다면 훌륭한 작가가될 수 있을까? 그는 단적으로 이렇게 말한다.

> 훌륭한 작가는 자기가 생각하는 것 이상을 말하지 않는다. 그리고 이 점은 대단히 중요하다. 말한다는 것은 생각하기의 표현인 것만이 아니라 생각하기의 실현이기 때문이다. (⋯) 재기 발랄하게 훈련받은 신체가 펼치는 연기를 자신의 스타일에 맞게 사유에 부여하는 것이 바로 훌륭한 작가의 재능이다. 훌륭한 작가는 결코 자신이 생각했던 것 이상을 말하지 않는다. 그래서 그가 쓰는 글은 그 자신에게 도움을 주는 것이 아니라 오로지 그가 말하고자 하는 것에만 도움을 준다.　　　　　—「훌륭한 작가」, 227쪽

'생각하는 것 이상을 말하지 않는다'는 얼핏 당연한 말처럼 느껴진다. 하지만 막상 글을 써본 사람이라면 안다. 우리가 쓰는 글의 대

부분은 우리 자신의 머릿속에서 사고의 고투를 통해 나온 것이 아님을. 그 말은 글쓰기에 타인의 생각과 경험을 포함해서는 안 된다는 의미가 아니다. 누군가의 생각과 경험에서 배우지 않고는 완전히 새로운 글을 쓰는 일은 불가능하다. 벤야민이 말한 '생각하는 것' 속에는 우리가 읽고 보고 배우고 경험한 모든 것들이 포함되어 있고, 그 것들을 날것 그대로 둔 채가 아니라 충분히 비판하고 숙고하여 다시 자신의 언어로 '번역'해내는 능력까지를 포함한다. 말한다는 것은 생각하기의 표현일 뿐만 아니라 실현이다. 그리고 그것은 언어라는 형식으로 입을 통해 발화되거나 펜을 손에 쥐고 특정한 방식으로 힘을 부여해 문자로 정착시킨다는 의미이다. 훌륭한 작가는 '재기 발랄하게 훈련받은 신체가 펼치는 연기를 자신의 스타일에 맞게 사유에 부여하는' 능력을 지닌 자이다. 글을 쓰는 이라면 누구나 자신의 스타일을 갖고 사유에 어울리는 스타일을 창안해야 한다. 그때 그 스타일은 자신이 말하고자 하는 바를 가장 잘 드러내주는 적합한 방식이어야 한다.

자신의 글쓰기가 잘 진행되고 있다는 것을 어떻게 확인할 수 있을까. 벤야민에게 그것은 글쓰기를 멈추고 자신의 생각이 문장의 형태로 제대로 표현되었는지를 확인하는 것으로 알 수 있는 일이 아니었다. 오히려 벤야민은 글을 쓰는 행위 자체에 대한 자신의 신체감각을 통해서 알 수 있는 것이라고 보았다. 이를테면 벤야민 자신에게는 이런 식이었다. "담배 꼭지에서 담배 연기가, 그리고 만년필에서 잉크가, 똑같이 가벼운 필치로 흘러나온다면 나는 문필가로서의 내 직업의 이상향에 있는 셈이다"「일방통행로」, 109쪽 담배 연기와 만년필의 잉크는 그 자체로 신체의 일부는 아니지만, 신체의 일부를 움직임으로써 자기 내부에 있는 무엇인가를 밖으로 내보낸다는 점에서 신체 활동의 실현이다. 만년필에서 흘러나온 잉크의 필치는 글 쓰는 이의 내부에 있는 어떤 생각이 문장의 형태로 균일하게, 어떤 의심이나 갈등 없이 문장의 형태로 변환되고 있음을 보여준다. 글쓰기는 중단 없이 지속된다. 담배 연기가 만년필 잉크와 똑같이 가벼운 필치로 흘러나온다는 점이 그 증거다. 그리하여 글을 쓰는 이는 어떤 장애도 없이 자신의 글쓰기에 집중하는 것이다. 이러한 글쓰기의 기술은 어떻게 얻어질까.

> 그가 자신을 절제하면서 불필요하거나 장황하거나 어슬렁거리는 동작들을 피하면 피할수록, 모든 신체의 자세는 자신에게 그만큼 더 족하게 되고, 그 신체를 더욱더 적절하게 운용하게 된다.
> —「글을 잘 쓴다는 것」, 238쪽

글쓰기는 노동이다. 신체의 일부를 사용함으로써 이루어지는 글쓰기인 한 그렇다. 자신의 작업에 숙련된 노동자일수록 불필요한 동작을 최소화하며, 최적의 움직임과 시간으로 작업을 완성해 나간다. 마찬가지로 훌륭한 작가는 모든 불필요하고 장황한 생각과 문장을 절제하는 훈련을 통해서 만들어진다. 벤야민은 여기서 신체 활동을 스타일(문체)에 맞게 사유에 부여하는 것이 훌륭한 작가의 재능이라고 말함으로써 사고-문체-작품으로 이어지는 글쓰기의 세 단계를 거꾸로 뒤집는다. 요컨대 글쓰기의 신체성을 강조함으로써 지식인으로서 자의식과 관념 위에 노동하는 인간으로서의 의식을 포개 놓았던 것이다.

노동, 즉 무엇인가를 생산하는 인간으로서 작가에 대한 벤야민의 견해는 분명했다. 「생산자로서의 작가」에서 그는 문학작품의 질은 "올바른 정치적 경향 속에 내포되어 있는 올바른 문학적 경향"「생산자로서의 작가」, 254쪽에 의해 형성된다고 말했다. 좀 더 진보적인 성향의 작가에게 이 문제는 곧 프롤레타리아의 편에 선다는 것을 의미한다. 문제는 문학이 자기 시대의 어떤 생산관계 속에 놓여 있는가 하는 점인데, 자본주의 사회에서 작품의 생산·유통과 가장 긴밀한 관계를 맺고 있는 신문이 대체로 자본가의 소유물이라는 사실은 진보적 작가들에게 일종의 딜레마가 아닐 수 없었다. 이 때문에 벤야민은 "작가가 자신의 사회적 구속이나 기술적 수단 내지 정치적 과제를 깊이 인식하기 위해서는 엄청난 어려움과 싸우지 않으면 안 된다"같은 글, 259쪽고 말했던 것이다.

하지만 벤야민은 "지식인의 프롤레타리아트화는 한 사람의 프롤레타리아트조차도 만들어낼 수 없었다"고 말한다. 왜냐하면 "부르주아계급은 지식인에게 교양의 형태로 하나의 생산수단을 부여했기 때문이고, 또 이 교양의 특권에 의해서 지식인으로 하여금 부르주아계급과 연대 의식을 갖도록 만들기 때문"같은글, 271쪽이다. 결국 지식인-작가에게 필요한 것은 자기 계급을 배반하는 것, 곧 자기 출신 계급의 이익에 복무하는 작품이 아니라 프롤레타리아가 주체가 되는 혁명에 기여하는 글을 쓰는 일이 될 수밖에 없다. 벤야민은 이렇게 말한다. "아무리 훌륭한 정치적 경향이라도 그것이 사람들이 따라야 할 태도를 예시하지 않는다면 그것은 옳지 않은 경향이다. 그리고 작가가 이러한 태도를 보여줄 수 있을 때는 단지 그가 무엇인가를 만들 때, 다시 말해 그가 글을 쓸 때이다."같은글, 266쪽

프롤레타리아혁명에 복무하는 글쓰기, 즉 혁명의 무기가 되는 글쓰기는 작가 개인의 올바른 정치적 경향을 문학적으로 표현하는 것만으로는 완성되지 않는다. 진보적인 내용에는 그것에 상응하는 진보적 표현 방식이 고민되지 않을 수 없다는 말이다. 벤야민은 기술의 진보가 이루어낸 새로운 대중매체(사진이나 영화, 광고 등)와 경쟁을 벌이는 대신, 그것들을 응용하고 그것들에게서 배울 것을 제안한다.

벤야민은 "문학이 중요한 효과를 거둘 수 있는 것은 오직 실천과 글쓰기가 정확히 일치하는 경우뿐"「일방통행로」, 69쪽이라고 말하는데, 여기서 실천과 글쓰기의 일치란 프롤레타리아의 편에 서고자 하는 작가들이 지켜야 할 일종의 윤리적 태도이자 방법이다. 작가로서의 실천은 진보적이고 혁명적인 내용의 글을 생산하는 데 있고, 그것에 맞는 표현 방식을 통해서만 구체화될 수 있다. 왜냐하면 그들이 생산하

는 글은 지식인 세계에서만 폐쇄적으로 유통되는 자족적인 것이 아니라, "공동체 안에서 영향력을 행사하기에 더 적합한" 것이어야 하기 때문이다. 더 많은 사람들, 노동하는 사람들이 읽고 공감할 수 있으며 세계의 불편·부당과 자신들의 처지를 각성할 수 있는 글이 필요하다. 벤야민은 이런 글을 딱딱한 책의 형태가 아니라 사람들이 일상적으로 자주 접하는 형식으로— 때로는 자극적이고 충격적이기까지 한 방식으로—실험하고 개발해야 한다고 말한다. 이를테면 전단이나 팸플릿, 잡지 기사나 포스터 등과 같이 전달하고자 하는 핵심을 '이미지'와 함께 적극적으로 제공하는 방식의 글쓰기와 같은 것이다. 이런 점에서 벤야민은 광고의 그래픽적인 긴장을 문자 이미지로 만든 말라르메의 시집 『주사위 던지기』를 높이 평가한다. 결국 벤야민이 요구하는 글쓰기는 프롤레타리아와의 연대를 기반으로 사진작가, 화가, 포스터 제작자, 인쇄공 등과 같이 문학이 아닌 다른 형태의 것들을 만들어내는 생산자들, 그리고 그들이 만들어낸 생산물과 연대를 통해 구체화될 수 있는 것이었던 셈이다.

글쓰기에 관한 일반적인 기법과 태도를 넘어 지식인으로서 자기 시대의 문제와 대결하는 날카로운 글쓰기, 자신이 말하고자 하는 바에 가장 어울리는 문체를 통해 글쓰기를 발명하는 것이야말로 벤야민의 한결같은 욕망이었다.

내가 같은 세대에 속한 대부분의 문필가들보다 더 나은 독일어

를 사용한다면, 그것은 상당 부분 20년 동안 지켜온 단 하나의
작은 규칙 덕분이라고 생각한다. 그것은 편지 쓸 때 외에는 '나'
라는 단어를 결코 쓰지 않는다는 규칙이다.

—『베를린 연대기』, 173쪽

1인칭 주체 표시로서 '나'를 사용하지 않았다는 벤야민의 고백은
단순히 그의 문체가 이루어낸 독특한 성취만 뜻하지 않는다. '나'는
세계를 인식하는 하나의 척도이자 태도로서, 글에서 1인칭 주체를
사용한다는 것은 주체와 대상을 이분화시키고 '나' 아닌 것들을 주
체가 이미 알고 있는 기존의 것과 비교·동질화하여 이해하는 인식의
태도이다.

주체와의 거리 혹은 동질성의 정도에 따라 대상은 분류되고 목
록화되고 위계화된다. 이러한 주체 이성의 사용이 기계적으로 작동
하게 되면 '나'와 다른 것은 비정상적이고 열등하고 나쁜 것으로 규
정되며, 이런 인식이 집단화될 때는 파시즘의 논리가 생겨나게 된다.
벤야민에게 '나'의 절제는 '나'와 다른 모든 것들에 대한 열린 태도이
자, '나'의 존재를 끊임없이 의심하는 반성적 태도이다. 그는 글쓰기
에서 '나'의 자리를 괄호 침으로써 그 자리에 이질적인 것들이 침투
해 들어올 수 있는 가능성을 열어 놓았다. 이런 태도가 아니었다면,
프루스트나 보들레르 혹은 카프카 등을 바라보는 그의 시각은 물론
이고 그들이 '되는' 방식으로 그들의 능력을 배울 수 있었던 벤야민

의 공부법은 불가능했을지도 모른다.

하지만 벤야민이 '나'라는 주체 혹은 1인칭 표시를 전혀 사용하지 않았던 것은 아니다. 일기나 편지를 쓸 때, 그리고 다른 글에서도 드물지만 '나'를 사용하기도 했다. 문제는 그 '나'의 성격 혹은 색깔이었다.

> 카프카와 마찬가지로 프루스트에게는 이것이 어떤 다른 곳에서
> 찾을 수 있는 것인지 그렇지 않은 것인지를 아는 뭔가가 있다.
> 이것은 그들이 '나'를 사용하는 방법에 관한 문제이다. 프루스트
> 는 『잃어버린 시간을 찾아서』에서, 카프카는 그의 일기에서 '나'
> 를 썼고, 그들에게 이것은 동일하게 투명하고 명백했다. '나'의
> 자리에는 어떤 지방색도 없다. 모든 독자는 오늘 여기 머물다가
> 내일 떠날 수 있다. 당신은 그것들에 대해 최소한의 애착을 가질
> 필요도 없다는 것을 알게 된다. 이 작가들 안에서 주체는 다가올
> 파국 속에 잿빛으로 바뀔 별의 보호색을 취한다.
> — 『Walter Benjamin's Archive』, p. 41

프루스트와 카프카는 특별한 방식으로 '나'를 사용했다. 프루스트는 『잃어버린 시간을 찾아서』에서, 그리고 카프카는 자신의 일기에서 일관되게 '나'를 사용했지만, 그때의 '나'는 작가 개인 혹은 주체의 고유성을 주장한다기보다 익명이나 이니셜에 가깝다. 이 때문에

벤야민은 그들이 사용한 '나'에는 어떤 지방색도 없다고 말한 것이다. 책을 읽는 독자는 프루스트나 카프카의 '나'가 들려주는 세계를 여행하는 여행자이다. 작가들은 끊임없이 '나'에 대한 이야기를 하지만, 독자들은 그 '나'를 1인칭이 아닌 3인칭으로 느낀다. 어떻게 '나'를 이야기할 때조차 '나'를 지우는 방식으로 글을 쓰는 일이 가능할까. 그것은 그들이 말하는 '나' 속에 이미 무수한 타자들, 복수의 '나'가 들어와 있기 때문에 가능하지 않았을까. 그런 점에서 '나'를 사용했던 프루스트나 카프카의 글쓰기는 '나'를 사용하지 않았던 벤야민의 글쓰기와 그리 멀리 떨어져 있다고 볼 수 없다.

그런데 『1900년경 베를린의 유년시절』과 『베를린 연대기』에서 벤야민은 명시적으로 '나'를 통한 글쓰기를 시도했다. 다만 여기서 사용한 '나'는 개인사에 대한 동경이 아니라 "지나간 과거를 사회적으로 돌이킬 수 없는 것으로 통찰"하기 위한 매개였을 뿐이다. 이러한 의지 속에서 그 자신이나 개인적 관계망 안에 있던 인물들은 뒷전으로 물러나고 "시민계급의 한 아이 안에 침전된 대도시 경험의 이미지들"『1900년경 베를린의 유년시절』, 34쪽이 자연스럽게 부상한다. 『1900년경 베를린의 유년시절』에는 각각 고유한 제목을 단 짧은 단문들이 무질서하게 나열되어 있는데, 이때의 무질서는 어떤 식의 연대기적 서술이나 표준적 분류, 장르의 일반적인 규칙 등에서 벗어나 있음을 의미한다. 여기서 제시된 각 소제목들과 그 내용들은 한 개인의 경험이라는 점에서 진실되고, 20세기 초반 서구 시민 계층의 공통 경험을 일관되게 보여준다는 점에서 역사적이다. 티어가르텐, 전승기념탑, 나비 채집, 오락 서적, 성에 눈뜨다, 원숭이 연극, 사고와 범죄, 수달, 로지아, 꼽추 난쟁이 등등은 벤야민과 동시대인들이 경험했던 학습과 놀이, 가정과 사회 속의 관계들, 그리고 도시의 풍경을 구성하는 구체적인 목록이고, 그는 이것들을 마치 각기 고유한 색채를 지니고 있는 모자이크화의 파편들처럼 취급했다.

『1900년경 베를린의 유년시절』이 한 장의 모자이크화와 같은 것이었다면, 그것과 내용의 일부를 공유하고 있는 『베를린 연대기』는 한 편의 파노라마 사진과 같다. 여기서 '나'는 그의 아들 슈테판에게 들려주는 이야기 형식 속에서 좀 더 개인적이고 내밀한 경험을 토로하는 주체 표시로 기능하지만, 순차적인 연대기적 구성과는 다른 우발적인 기억에 의지한(혹은 우발성을 가장한) 독특한 기술 방식 속에서 '나'의 고유성은 흐릿해진다. 벤야민은 '나'의 이야기를 하면서 연대기라는 글쓰기 방식을 택함으로써 그것이 동시에 역사적 성격을 지녔음을 암시했고, 일반적인 연대기적 시간을 파괴하는 방식으로 기억의 스냅들을 배치함으로써 그것이 다시 연대기가 아님을 보여주었다. 결국 벤야민에게 '나'를 사용하는 글쓰기란 한 개인을 지시할 때조차 사회적이고 역사적인 차원의 이미지를 풍부하게 보여줄 수 있는 장치인 한에서 의미가 있는 셈이었고, 이런 목표를 갖고 사용한 '나'는 주체이기를 언제나 거절했다.

몇몇 예외적인 경우를 제외하고 벤야민은 자신의 글쓰기에서

'나'를 지워버림으로써 —브레히트의 표현을 빌리자면 '다른 사람의 머리로 사고할 수 있는 기술'을 습득함으로써 —이 문제를 극단으로 밀어붙였다. 그는 인용으로만 이루어진 책을 쓸 수 있기를 원했고, 그 결과 『아케이드 프로젝트』를 통해 인용으로만 이루어진 글쓰기를 구체화해 나갔다. 그는 수집가의 정열과 넝마주이의 주의력으로 문장들을 모았으며, 자신이 사용하는 '인용문'에 대해 "무장을 하고 나타나 한가롭게 지나가는 행인에게서 확신을 강탈하는 도적떼"「일방통행로」, 149쪽와 같다고 말했다. "나에게는 (…) 어떤 언어가 더 가치 있고 다른 언어는 가치가 덜하다는 이야기는 받아들일 수 없다"「아케이드 프로젝트 I」, N 1, 6는 말에서 알 수 있듯, 그는 일체의 선입견과 위계와 우열 관계에서 벗어나 다만 자신이 말하고자 하는 요지를 가장 잘 드러내줄 수 있는 문장들을 수집하고 배치하고 조립하는 놀이에 골몰했다.

최후에는 인용 부호 없이 인용하는 기술을 선보이는 것이 글쓰기를 둘러싼 벤야민의 가장 큰 욕망이었다면, 그것은 곧 그가 '몽타주' 이론과 '트락타트'의 형식으로부터 배운 것을 극한으로 실험하고자 했다는 의미이다. 몽타주가 세계를 표현하는 예술적 방식의 한 가지라면, 트락타트는 과학적 논리와 예술적 표현을 통해 진리를 표현하고자 한 철학적 글쓰기의 한 방식이다.

트락타트는 아라비아 형식이다. 끊어지는 곳이 없고 두드러지게 눈에 띄지도 않은 그것의 외관은 그 구조가 안마당에 들어서야 비로소 시작하는 아라비아 건축물들의 전면과 흡사하다. 트락타트의 구조도 외부에서 알아차릴 수 없고 내부로부터만 열린다. 트락타트가 장*들로 이루어져 있다면 그 장들은 어떤 제목을 달고 있지 않고 숫자로 표시되어 있다. 트락타트가 전개하는 사고의 평면은 회화적으로 구성되어 있는 것이 아니라 오히려 서로 중단 없이 엉켜 들어가는 장식의 망들로 덮여 있다. 이러한 서술 형태의 장식적 치밀함 속에서는 주제적 서술과 부연 설명적 서술의 차이가 사라진다.　　　　　　　　　　─『일방통행로』, 106쪽

　　일종의 짧은 논문 형식인 트락타트는 아라비아에서 시작되었다. 트락타트가 독일에 들어왔을 때는 주로 정치적(외교적)이거나 종교적인 글쓰기에 활용되었는데, 텍스트와 함께 삽화를 곁들이기도 했던 이 글쓰기 방식은 『탈무드』와 같은 유대인의 종교와 지혜를 담은 글에서도 확인할 수 있다. 트락타트의 외양은 장식적이지만 그 안에 담긴 사고는 서로 복잡하고 긴밀하게 연결되어 있기 때문에 손쉽게 장악되지 않는다. 벤야민은 이러한 '서술 형태의 장식적 치밀함' 속에서 '주제적 서술과 부연 설명적 서술의 차이가 사라진다'는 점에 흥미를 보였을 것이다.
　　『독일 비애극의 원천』의 서론에 해당하는 「인식비판서설」에서 벤야민은 트락타트를 자기 시대가 직면한 새로운 철학적 표현의 서술 방식으로 주목했다. 그는 "19세기의 체계 개념은 교의와 비의적 에

세이라는 개념을 통해서 제기되는 철학 형식의 대안을 무시한다"고 비판한다. 트락타트의 전범적 형식은 '권위 있는 인용'이며, 이를 통해 사유의 '우회로'를 제시하는 데 그 목표가 있었다. 개별적 요소들로 분할되어 있지만 고유한 색채를 잃어버리지 않는 모자이크처럼, 트락타트는 파편적이고 비유적이지만 서로 섬세하게 연결됨으로써 사유의 중단과 관조, 비약을 시도한다. 결국 벤야민이 트락타트에 주목한 것은 계몽주의적인 '체계' 개념과 함께 헤겔 식의 '총체성'에 대한 비판 또한 포함하고 있었던 셈이다. 헤겔 식의 부분과 전체의 관계 속에서는 부분이 전체와의 관계 속에서만 자신의 존재를 증명할 수 있고, 부분이 갖는 고유한 가치는 전체와의 관계 속에서 쉽게 무화된다.

글쓰기는 생각한 것에 대한 문자적 표현에 불과하지만, 어떤 표현 방식을 선택할 것인가의 문제는 역으로 그 생각을 어떻게 견제하고 어떤 방향을 지시할 것인가의 문제와 연결되는 것이기도 하다. 이런 이유로 벤야민은 글을 쓰는 이의 태도와 철학에 대해 기존의 글쓰기 방식을 파괴하는 실험을 통해 끊임없이 질문했던 것이다. 이런 점에서 "망치질은 실제의 망치질이면서 동시에 하나의 무기이기도 한 것이다"라는 카프카의 문장을 벤야민은 이렇게 변주하고 싶었는지도 모른다. '글쓰기는 실제의 글쓰기이면서 동시에 하나의 무기이기도 한 것이다.'

에필로그

메트로폴리탄 프로젝트

벤야민이 미국 망명을 실행에 옮긴 때는 1940년이지만, 적어도 그 몇 해 전부터 그는 이미 뉴욕에서 진행할 프로젝트를 기획하고 있었다.

> 브레히트가 덴마크에 은둔해 있던 때로부터 2년 전, 벤야민은 '테디' 아도르노에게 브레히트 아들의 침실 벽에 붙어 있는 지도를 갖고 맨해튼 거리 구석구석을 공부하고 있다는 편지를 보냈다. 벤야민은 뉴욕에 있는 자신의 동료에게 "자네의 집이 있는 허드슨 강의 긴 거리를 오르내리고 있네"라고 말했다.
> ──『매혹의 도시, 맑스주의를 만나다』, 160~161쪽

벤야민은 지도 없이 여행하기의 명수였던 만큼이나 지도 위에서 여행하기의 전문가이기도 했다. 어떤 공간에 대한 현실적 경험이 가능한 상태에서는 곧잘 지도를 거부했지만, 그렇지 못한 경우에는 지도를 눈앞에 놓고 그 공간을 상상하고 유추하는 여행법이기도 했을 듯싶다.

어쩌면 벤야민은 19세기 파리 여행서인 '아케이드 프로젝트'와 20세기 뉴욕 여행서인 '메트로폴리탄 프로젝트'를 동시에 세상에 내놓으려는 은밀한 욕망을 품고 있었는지도 모르겠다. 벤야민에게 파리가 '혁명'의 문화에 대한 경험 없이는 상상할 수 없는 것이었다면, 뉴욕은 '민주주의'의 이름으로 혁명을 불가능한 것으로 정박시킨 이민자들이 만들어낸 사건의 연속은 아니었을까? 혹시 그는 오스만의 파리 도시계획에 호응하는 로버트 모제스의 맨해튼 도시계획을 이야기하는 데서부터 '메트로폴리탄 프로젝트'를 시작하려 했던 것은 아니었을까?

고소 이와사부로에게는 '20세기의 수도'이고, 렘 콜하스에게는 '광기와 밀집 문화'의 도시인 뉴욕을 벤야민이라면 뭐라고 불렀을까. 그의 망명은 실패했고 그의 기획은 현실화되지 못했지만, 그가 남긴 자료와 사유의 단편들은 누군가에게는 공부의 출발선이 될지도 모르지 않겠는가.

세렌디피티

> **장 보드리야르** 저런, 하지만 나는 자발성을 절대적으로 숭배하
> 지 않습니다. 사실 우연히 발견하는 능력(serendipity)을 부추기
> 는 데 전념해야 합니다.
>
> **장 누벨** 세렌디피티 말입니까?
>
> **장 보드리야르** 그렇습니다. 세렌디피티입니다. 사실 아무도 그
> 것에 대한 정의는 모릅니다. (…) 그것은 무엇인가를 찾다가 전
> 혀 다른 것을 발견하는 행위입니다.
>
> **장 누벨** 하지만 나는 이런 활동을 추종하는 사람입니다! (…)
>
> **장 보드리야르** 중요한 것은 찾아냈다는 사실입니다! 설사 당신
> 이 처음에 찾았던 것을 모른다 할지라도 찾아내려는 움직임은
> 바뀌고, 다른 것이 발견됩니다.
>
> ─『건축과 철학』, 124~125쪽

세렌디피티는 벤야민이 자주 사용한 방식이기도 했다. 그는 자신
이 말하고자 하는 '무엇'을 말하기 위해 그것에 대해서만 공부하지
않았다. 사건과 인물, 장소와 이론이 갖는 직접적이고 명백한 관련성
을 증명하는 일보다는, 오히려 표면적으로는 무관한 '파편'들을 하나
의 시공간 위에 배치하는 몽타주 놀이에 흥미를 보였다. 그것이 만들
어내는 예기치 않은 효과에 기대하는 바가 있었기 때문이다. '우연히

발견하는 능력'을 키우기 위해 그는 분과 학문의 틀과 글쓰기의 규범을 자주 해체하고 새롭게 조립하는 실험을 매번 반복했다.

『은유로서의 건축』에서 가라타니 고진이 서구 철학사에서 발견되는 '건축에의 의지'를 이야기했을 때, 그것은 철학자들이 자신의 철학을 하나의 구조물처럼 사유의 완결성을 추구해왔다는 점에서 꽤 적절한 비유였다. 하지만 이론적 완전성을 지향하는 '건축에의 의지'는 20세기 후반 이후 낡은 것이 되어버렸고, 철학뿐만 아니라 모든 이론과 학문, 나아가 예술의 체계와 장르는 자신만의 고유한 영역 안에서만 안주할 수 없게 되어버렸다. 철학자인 보드리야르가 은유가 아닌 물질적 건축을 업으로 삼는 누벨에게 '세렌디피티'를 말하는 장면은 그래서 상징적이다. 벤야민은 이들의 대화보다 반세기도 훨씬 전에 이 문제를 고민했다.

공부

벤야민은 공부하는 사람이었다. 인간의 존재와 세상의 이치에 대해 언제나 질문하며, 그것을 '읽고 쓰는' 방식으로 풀어 나가는 한 명의 지식인이었다는 점에서 우선 그렇다. 그는 자신의 한계 및 시대의 한계와 언제나 불화하는 방식으로 공부했다. 하지만 그는 생활인으로서는 무능했고, 관계에 서툴렀다. 이 말이, 그가 현실과 동떨어진 자족적 관념의 세계 속에서만 머물렀다는 것을 의미하지는 않는다. 그는 자신의 무능과 그로부터 비롯된 불편함을 안고 공부했으며, 그런 태도로 제 몫의 삶을 온전히 살았다. 1939년 독일이 폴란드를 침공했을 때 벤야민은 프랑스에 있던 다른 독일인들과 함께 수용소에 감금되었다. 불안하고 불편한 상황에서도 그는 "'상급자를 위한' 철학 강좌를 열었고, 수용소 신문도 발간하려고 했다"『발터 벤야민』, 182쪽 그는 쉽게 좌절하거나 절망하는 사람이 아니었던 것이다. 그렇지만 1940년 스페인 국경이 폐쇄되었을 때, 그는 공부할 수 있는 곳을 잃어버렸고 결국 삶을 포기하는 쪽을 택했다.

비서구적인 관점에서 공부하는 '학생'이란, 저 영민한 시인의 반짝이는 지적처럼 "죽은 후에나 가질 만한 직책"『배우는 일의 두려움』이기도 했다. 어떤 시대, 어떤 사람들은 '학생부군신위學生夫君神位'의 형태로나 그 말을 허용했던 것이다. 배움 앞의 겸손, 혹은 배우고 익혀야 할 텍스트의 무한한 확장을 여기서 본다. '학생' 혹은 '삶을 배우는 자'란 사실은 제 몫의 삶을 사는 사람들의 다른 이름일 뿐, 누군가의 지도를 받아야 하는 미성숙한 존재를 일컫는 이름에 한정되는 것은 아니었다.

하지만 우리 시대의 '공부'는 점점 더 밥벌이의 기예를 익히는 데 한정해서만, 또는 개인의 '수양'을 연마하는 태도로써만 유의미하게 받아들여지고 있다. 이런 때일수록 공부는, 그것이 비록 실험과 실패의 연속일지라도, 더 좋은 삶을 위해 자신과 더불어 이 세계를 호흡

하는 모든 존재를 '해방'시키는 쪽에 서야 한다. 손쉬운 화해에 대한 의심과 불화를 통해서만 삶 혹은 공부는 긍정할 만한 것이 될 수 있을 테니까.

프레드 베네딕트 돌빈이 1926년에 그린 벤야민의 캐리커처

Walter Benjamin

발터 벤야민의 공부법

참고문헌

참고문헌

일러두기

● 참고(인용) 문헌은 본문에 인용된 도서를 쉽게 확인할 수 있도록 서명을 먼저 밝히고, 저자, 역자, 출판사, 출간연도 순으로 정리했다. 단, 벤야민의 글은 저자 벤야민을 표기하지 않고 역자만 밝혔다.

● 『사유이미지』(발터 벤야민 선집 1)는 발터 벤야민의 단편 모음집으로, 벤야민이 직접 붙인 각각의 글 제목이 중요하다고 판단했기 때문에 본문에서 서명이 아닌 단편의 제목으로 표기하고, 여기에서도 인용한 글 제목을 정리해 놓았다.

● 『발터 벤야민의 문예이론』에 수록된 글을 인용한 경우, 그 글들이 엮인 서명보다 그 안에 수록된 벤야민의 글이 역시 중요하다고 생각하여 각각의 제목을 따로 밝혔다.

1. 벤야민이 쓴 글들

『아케이드 프로젝트』Ⅰ·Ⅱ, 조형준 옮김, 새물결, 2005.
　　「파리―19세기의 수도(1935년 개요)」, 『아케이드 프로젝트 Ⅰ』
　　「파리―19세기의 수도(1939년 개요)」, 『아케이드 프로젝트 Ⅰ』
　　「발터 벤야민이 게르숌 숄렘에게」, 베를린, 1928년 1월 30일, 『아케이드 프로젝트 Ⅱ』

『발터 벤야민 선집 1 : 일방통행로 / 사유이미지』, 김영옥·윤미애·최성만 옮김, 길, 2007.
　　『일방통행로』.
　　「공손함」, 『사유이미지』
　　「글을 잘 쓴다는 것」, 『사유이미지』
　　「꿈꾸는 사람의 자화상들」, 『사유이미지』
　　「사람이 자신의 강점을 알게 되는 곳」, 『사유이미지』
　　「햇빛 속에서」, 『사유이미지』
　　「훌륭한 작가」, 『사유이미지』

『발터 벤야민 선집 3 : 1900년경 베를린의 유년시절 / 베를린 연대기』, 윤미애 옮김, 길,
　2007.
　　『1900년경 베를린의 유년시절』
　　『베를린 연대기』

『발터 벤야민 선집 5 : 역사의 개념에 대하여 / 폭력비판을 위하여 / 초현실주의 외』, 최성만
　옮김, 길, 2008.
　　「역사의 개념에 대하여」
　　「폭력비판을 위하여」

『발터 벤야민 선집 6 : 언어 일반과 인간의 언어에 대하여 / 번역자의 과제 외』, 최성만 옮
　김, 길, 2008.
　　「미메시스 능력에 대하여」

『발터 벤야민의 문예이론』, 반성완 옮김, 민음사, 2000.
　　「기술복제시대의 예술작품」
　　「나의 서재 공개」
　　「번역가의 과제」
　　「보들레르의 몇 가지 모티브에 관해서」
　　「브레히트와의 대화」
　　「사진의 작은 역사」
　　「산딸기 오믈렛」
　　「생산자로서의 작가」
　　「수집가와 역사가로서의 푹스」
　　「좌절한 자의 순수성과 아름다움」
　　「파괴적 성격」
　　「프란츠 카프카」
　　「프루스트의 이미지」

『독일 비애극의 원천』, 최성만·김유동 옮김, 한길사, 2009.
『발터 벤야민의 모스크바 일기』, 김남시 옮김, 그린비, 2009.
「Naples」, 『REFLECTIONS』, Translated by Edmund Jephcott, Schocken Books
　New York, 2007.
『Walter Benjamin's Archive』, Translated by Esther Leslie, VERSO London·New
　York, 2007.

2. 벤야민에 관해 쓴 글들

『매혹의 도시, 맑스주의를 만나다』, 앤디 메리필드 지음, 남청수·김성희·최남도 옮김, 시울,
    2005.
『발터 벤야민 기억의 정치학』, 최성만, 길, 2014.
『발터 벤야민과 메트로폴리스』, 그램 질로크 지음, 노명우 옮김, 효형출판사, 2007.
『발터 벤야민과 아케이드 프로젝트』, 수잔 벅 모스 지음, 김정아 옮김, 문학동네, 2004.
『발터 벤야민』, 베른트 비테 지음, 안소현·이영희 옮김, 역사비평사, 1994.
『세계와 역사의 몽타주, 벤야민의 아케이드 프로젝트』, 권용선, 그린비, 2009.
『어두운 시대의 사람들』, 한나 아렌트 지음, 권영무 옮김, 문학과지성사, 1998.
『우울한 열정』, 수잔 손탁 지음, 홍한별 옮김, 시울, 2005.

3. 기타, 이 책을 쓰는 데 참고한 글들

『감시와 처벌』, 미셸 푸코 지음, 오생근 옮김, 나남, 2003.
『건축과 철학』, 장 보드리야르, 장 누벨 지음, 배영달 옮김, 동문선, 2003.
『구술문화와 문자문화』, 월터 J 옹 지음, 임명진·이기우 옮김, 문예출판사, 1995.
『뉴욕열전』, 이와사부로 코소 지음, 김향수 옮김, 갈무리, 2010.
『물질과 기억』, 앙리 베르그손 지음, 박종원 옮김, 아카넷, 2005.
「배우는 일의 두려움」, 『가끔 중세를 꿈꾼다』, 전대호, 민음사, 2005.
『법의 힘』, 자크 데리다 지음, 진태원 옮김, 문학과지성사, 2004.
『변신』(카프카 전집 1), 프란츠 카프카 지음, 이주동 옮김, 솔, 2000.
    「인디언이 되고 싶은 마음」; 「법 앞에서」
『은유로서의 건축』, 가라타니 고진 지음, 김재희 옮김, 한나래, 1998.
『잃어버린 시간을 찾아서 1 : 스완네 집 쪽으로』, 마르셀 프루스트 지음, 김창석 옮김, 국일
    미디어, 1998.
『잃어버린 시간을 찾아서 11 : 되찾은 시간』, 마르셀 프루스트 지음, 김창석 옮김, 국일미디
    어, 2006.
『천의 고원』, 질 들뢰즈, 펠릭스 가타리 지음, 이진경 외 옮김, 연구공간너머자료실, 2000.
『카프카』, 질 들뢰즈, 펠릭스 가타리 지음, 이진경 옮김, 동문선, 2001.
『파리의 우울』, 샤를 보들레르 지음, 윤영애 옮김, 민음사, 2008.
『Historic Architecture sourcebook』, Cyril M. , Harris, New York : McGraw-Hill,
    1977.